日本文化キャラクター図鑑

伝統アート

匠の技、さえる！

本木洋子／文
山田タクヒロ／絵

玉川大学出版部

伝統アート

匠の技、さえる！

※各章《かくしょう》の扉《とびら》ページには、それぞれの章《しょう》に登場《とうじょう》するキャラクターから4つを選《えら》んで名前《なまえ》をあてる「シルエットクイズ」があります。「キャラクターランド」は、その答《こた》えページ。キャラクターたちがひとことずつコメントしています。

ようこそ「匠《たくみ》」の世界《せかい》へ

モノづくりの国《くに》といわれる日本《にほん》には、昔《むかし》からさまざまな分野《ぶんや》に「匠《たくみ》」と呼《よ》ばれるプロフェッショナルがいました。匠《たくみ》という字《じ》の「匚」は漢字《かんじ》の部首《ぶしゅ》「はこがまえ」で、この箱《はこ》に大工《だいく》さんが使《つか》う手斧《ちょうな》の「斤《きん》」が組《く》み合《あ》わされてできた字《じ》です。道具箱《どうぐばこ》の中《なか》に大工道具《だいくどうぐ》を入《い》れているところからきた文字《もじ》なんですね。

このように匠《たくみ》は、一般的《いっぱんてき》には手《て》や機械《きかい》でモノをつくる仕事《しごと》、それを職業《しょくぎょう》としている人《ひと》のことをいいますが、それだけではありません。その道《みち》の大家《たいか》をさすときは「巨匠《きょしょう》」「名匠《めいしょう》」「明匠《めいしょう》」などといいますし、「師匠《ししょう》」ということばもあります。

巨匠《きょしょう》は、とくに芸術分野《げいじゅつぶんや》での大家《たいか》。名匠《めいしょう》は、腕《うで》のいい職人《しょくにん》やすぐれた学者《がくしゃ》。明匠《めいしょう》は、学問《がくもん》や技術《ぎじゅつ》に秀《ひい》でた人《ひと》や、徳《とく》のあるお坊《ぼう》さんをさします。師匠《ししょう》は、学校《がっこう》や習《なら》いごとの先生《せんせい》ですが、芸人《げいにん》さんに敬意《けいい》を表《ひょう》するときにも使《つか》います。

この本《ほん》には、たくさんの匠《たくみ》の技《わざ》が登場《とうじょう》しますよ。各地《かくち》の職人《しょくにん》さんがこつこつと腕《うで》にみがきをかけてきた名人技《めいじんわざ》は、日本文化《にほんぶんか》の財産《ざいさん》だといえるでしょう。

1章《しょう》

芸《げい》 表現《ひょうげん》する

芸《げい》を修業《しゅぎょう》する道《みち》は「芸道《げいどう》」といって、とてもきびしい世界《せかい》です。この「道《みち》」は、その芸《げい》を極《きわ》めるための生《い》き方《かた》そのものだといえるでしょう。生《い》け花《ばな》は華道《かどう》（花道《かどう》）、茶《ちゃ》の湯《ゆ》は茶道《さどう》といいます。柔道《じゅうどう》や剣道《けんどう》などは武道《ぶどう》で、文学《ぶんがく》の道《みち》は文《ぶん》道《どう》といいます。

このグループには、名脇役《めいわきやく》として登場《とうじょう》する者《もの》もいますよ。芸《げい》の魅力《みりょく》がいっそう増《ま》すのは、登場《とうじょう》する全員《ぜんいん》が、自分《じぶん》の位置《いち》で一生懸命《いっしょうけんめい》に生《い》きていてこそです。彼《かれ》らの役割《やくわり》や思《おも》いを語《かた》ることばに、耳《みみ》をかたむけてみましょう。

シルエットクイズ1 わたしはだれ？（答《こた》えは94、95ページ）

③

持《も》ち駒《ごま》で、敵《てき》の王《おう》を攻《せ》めよ

①

噺家《はなしか》さんが、上《うえ》に座《すわ》りっぱなし

④

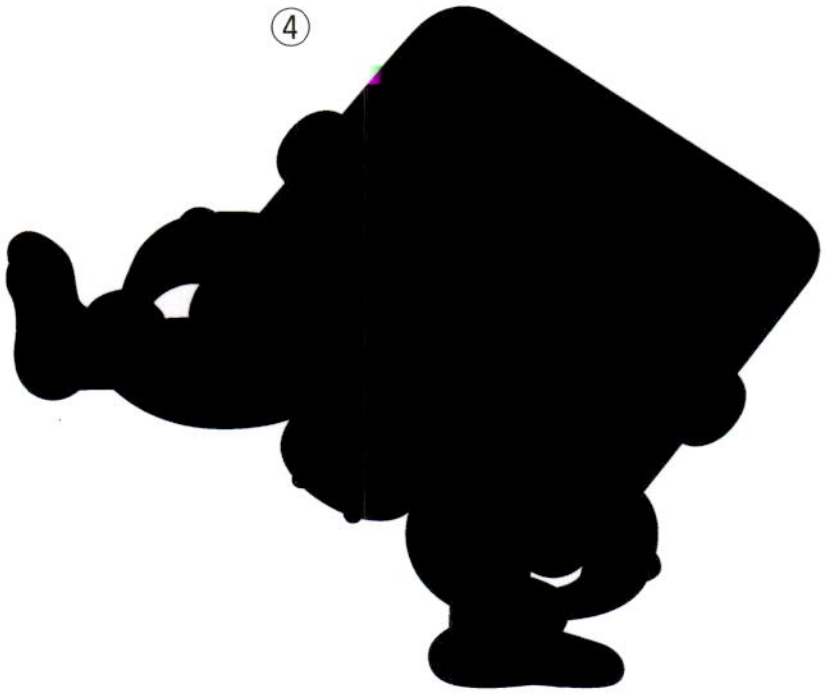

力士《りきし》を支《ささ》える大舞台《おおぶたい》

②

べべべん、うなって唄《うた》います

落語《らくご》・座布団《ざぶとん》

おあとがよろしいようで……

ああ、お囃子《はやし》が鳴《な》りだしました。始《はじ》まりやすよ、名人《めいじん》の話《はな》し芸《げい》が。

「え〜、まいどばかばかしいお笑《わら》いを一席《いっせき》……」

こうして笑《わら》いをとどけるショーバイが、噺家《はなしか》さん。そして、「落語《らくご》は、座布団一枚《ざぶとんいちまい》の上《うえ》の芸《げい》」だといいます。あたしは尻《しり》の下《した》に敷《し》かれて、そこから噺家《はなしか》さんを支《ささ》えてるんでござんすよ。

噺家《はなしか》さんっていうのは、目《め》の前《まえ》のお客《きゃく》さんを笑《わら》わせてなんぼのもので、ひとりでも笑《わら》わなかったら、噺家失格《はなしかしっかく》ですよ、べらぼうめ。

手《て》には扇子《せんす》と手《て》ぬぐいを持《も》つだけの、一人芝居《ひとりしばい》。あたしと扇子《せんす》と手《て》ぬぐいがそろえばいいんだから、身軽《みがる》でござんしょ。

この扇子《せんす》と手《て》ぬぐいがまた便利《べんり》なものでしてねぇ。扇子《せんす》は、ときにお箸《はし》や刀《かたな》になり、手《て》ぬぐいは、財布《さいふ》や手紙《てがみ》にもなりやがる。

お客《きゃく》さんが江戸時代《えどじだい》にタイムスリップした気分《きぶん》になって笑《わら》いころげると、あたしも大満足《だいまんぞく》。さぁ、この世《よ》の憂《う》さをはらしていってくれいっ！

♠江戸時代《えどじだい》に生《う》まれた話芸《わげい》

・土地《とち》や時代《じだい》で「江戸落語《えどらくご》」と「上方落語《かみがたらくご》」、「古典落語《こてんらくご》」と「新作落語《しんさくらくご》」などと分《わ》けたり、落《お》とし噺《ばなし》（滑稽噺《こっけいばなし》）、人情噺《にんじょうばなし》、芝居噺《しばいばなし》、怪談噺《かいだんばなし》、音曲噺《おんぎょくばなし》と分類《ぶんるい》することもある。

・座《すわ》り芸《げい》なので、ほとんどは正座《せいざ》したまま（せいぜい、軽《かる》くひざ立《だ》ちぐらいで）両手《りょうて》や両膝《りょうひざ》を動《うご》かしながら演《えん》じる。話《はなし》の展開《てんかい》は、すべての場面《ばめん》を座布団《ざぶとん》の上《うえ》で表現《ひょうげん》しなければならない。

落語《らくご》・座布団《ざぶとん》

盆栽《ぼんさい》

心《こころ》がなごむ世界《せかい》

日本人《にほんじん》の心《こころ》を表現《ひょうげん》する芸術品《げいじゅつひん》のひとつが、わしらじゃ。

鉢《はち》に植《う》えられた小《ちい》さな樹木《じゅもく》だが、針金《はりがね》で枝《えだ》ぶりをととのえられ、形《かたち》よく刈《か》りこまれて、生《い》きておる。季節《きせつ》の山野草《さんやそう》を植《う》えた〝草盆栽《くさぼんさい》〟も人気《にんき》がある。

みんな、まだ若《わか》くても貫禄《かんろく》たっぷり。職人《しょくにん》が技《わざ》を競《きそ》いながら長《なが》い歳月《さいげつ》をかけてつくりあげたものは、「生《い》きた芸術品《げいじゅつひん》」ともいわれておる。

鉢《はち》の中《なか》は、大《おお》いなる自然《しぜん》そのものを感《かん》じとる世界《せかい》なのじゃよ。わしらを見《み》ていると、人《ひと》は、自分《じぶん》が木洩《こも》れ日《び》のそそぐ雑木林《ぞうきばやし》を散歩《さんぽ》している姿《すがた》や、巨樹《きょじゅ》の前《まえ》にたたずんでいるような情景《じょうけい》を想像《そうぞう》できて、心《こころ》がほっとするんだそうじゃ。耳《みみ》をすませば鳥《とり》や虫《むし》の声《こえ》まで聞《き》こえるようにも感《かん》じるらしい。

いま、外国《がいこく》ではわしらの人気《にんき》がウナギのぼり。昔《むかし》から伝《つた》えられてきた「木《き》や花《はな》や草《くさ》にも命《いのち》がやどる」という日本人《にほんじん》の魂《たましい》の技《わざ》が、人《ひと》びとの心《こころ》をひきつけるんじゃろうなあ。

♠伝来《でんらい》

・平安時代《へいあんじだい》に中国《ちゅうごく》から伝来《でんらい》した。江戸時代中期《えどじだいちゅうき》になると、将軍《しょうぐん》や大名《だいみょう》だけでなく庶民《しょみん》にも広《ひろ》がった。浮世絵《うきよえ》にも登場《とうじょう》している。

♠世界《せかい》が注目《ちゅうもく》するBONSAI《ボンサイ》

・1989（平成元《へいせいがん》）年《ねん》に最初《さいしょ》の世界盆栽大会《せかいぼんさいたいかい》が日本《にほん》（埼玉県大宮市《さいたまけんおおみやし》=当時《とうじ》）で開催《かいさい》され、32か国《こく》1200人《にん》の愛好家《あいこうか》が集《あつ》まった。2017年《ねん》には、埼玉県《さいたまけん》さいたま市《し》で第《だい》8回世界盆栽大会《かいせかいぼんさいたいかい》が開催《かいさい》される予定《よてい》になっている。
・盆栽愛好家《ぼんさいあいこうか》の多《おお》いイタリアには、盆栽大学《ぼんさいだいがく》や盆栽《ぼんさい》ミュージアムがある。

盆栽
ぼんさい

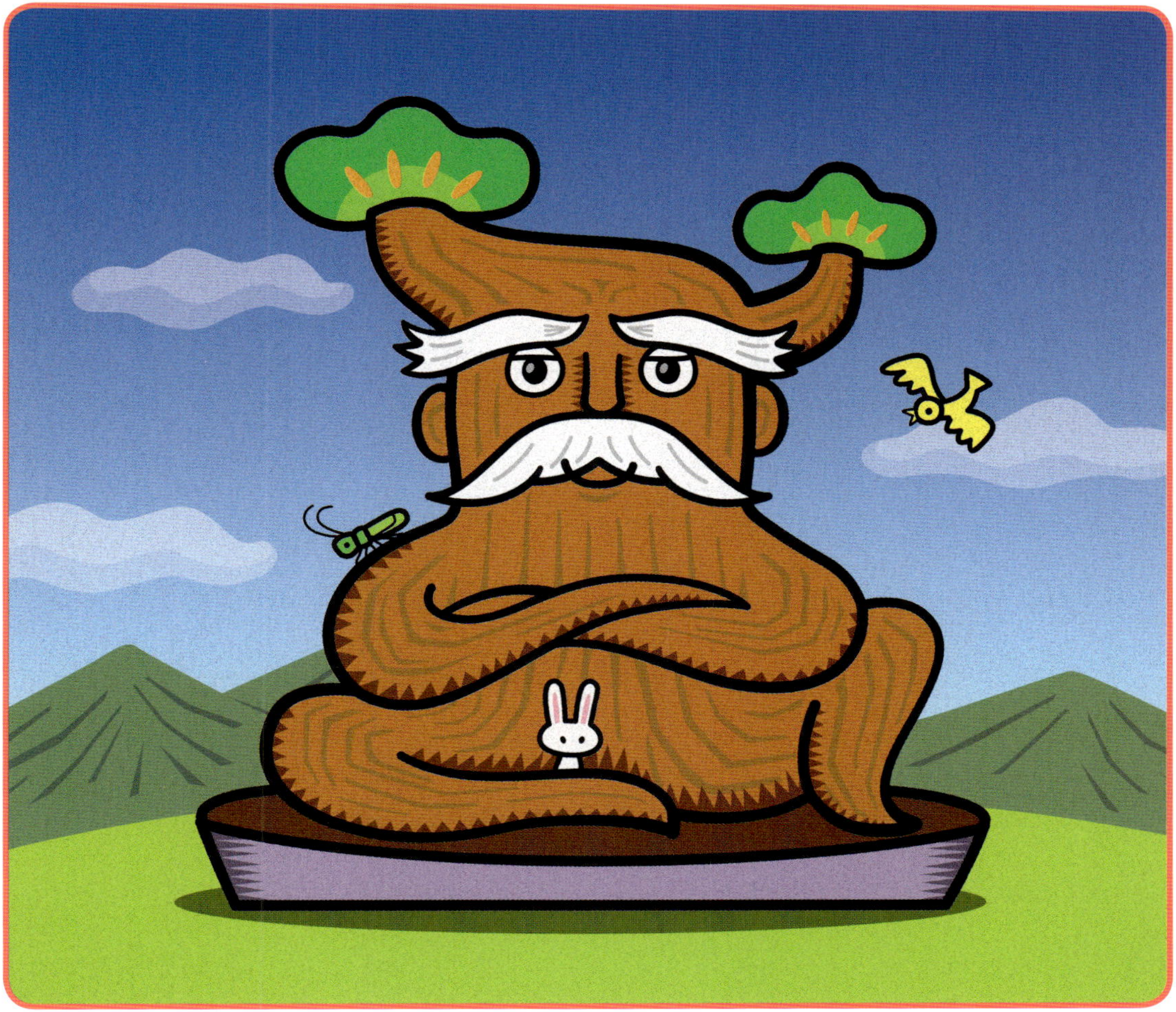

茶《ちゃ》の湯《ゆ》

ほんとうのおもてなしの心《こころ》

わたしが活動《かつどう》する部屋《へや》の大《おお》きさは、四畳半《よじょうはん》。「客《きゃく》」と「亭主《ていしゅ》」とがあまり離《はな》れずに、なかよく食《た》べてお茶《ちゃ》を飲《の》み、語《かた》り合《あ》うのにちょうどいい大《おお》きさ。これだけあれば暮《く》らしていけるという、つつましい広《ひろ》さなのでございます。

人《ひと》と人《ひと》とを会《あ》わせておもてなしをするんですが、じつはここでコミュニケーションをとってもらうというのがいちばんの目的《もくてき》。茶《ちゃ》の席《せき》では、客《きゃく》と亭主《ていしゅ》が、おたがいに思《おも》いやりの心《こころ》をもたなければなりません。一生《いっしょう》に一度《いちど》の出会《であ》いという気持《きも》ちで、ともに誠意《せいい》をつくして、ひとときをすごしてほしいのです。

部屋《へや》に入《はい》るときには「にじり口《ぐち》」を利用《りよう》していただくのですが、これがうんと小《ちい》さくて、どんなにえらい人《ひと》でも、腰《こし》をかがめてお辞儀《じぎ》をしなければ入《はい》れません。身分《みぶん》の上下《じょうげ》など、わたしには通用《つうよう》しないんです。そうして、この場所《ばしょ》で、時間《じかん》の許《ゆる》す限《かぎ》りゆっくりと料理《りょうり》を楽《たの》しみ、お酒《さけ》を飲《の》み、お茶《ちゃ》を飲《の》み、茶碗《ちゃわん》や掛《か》け軸《じく》、花《はな》を観賞《かんしょう》して、楽《たの》しく語《かた》り合《あ》っていただくのでございます。

あわただしくせかせかと生《い》きているあなただからこそ、わたしを訪《たず》ねてきてほしいのですよ。きっと、心《こころ》のゆとりができることでございましょう。

♠茶《ちゃ》の湯《ゆ》の心得《こころえ》は……

・茶《ちゃ》の湯《ゆ》を完成《かんせい》させたのは、千利休《せんのりきゅう》（1522—1591）。「茶《ちゃ》は服《ふく》のよきように点《た》て」「炭《すみ》は湯《ゆ》の沸《わ》くように置《お》き」「花《はな》は野《の》にあるように」「夏《なつ》は涼《すず》しく冬暖《ふゆあたた》かに」「刻限《こくげん》は早《はや》めに」「降《ふ》らずとも雨《あめ》の用意《ようい》」「相客《あいきゃく》に心《こころ》せよ」——この7つの決《き》まりが、茶《ちゃ》の湯《ゆ》のすべてだという。「茶《ちゃ》の湯《ゆ》の道《みち》」という意味《いみ》で、「茶道《さどう》」ともいう。

茶《ちゃ》の湯《ゆ》

長唄三味線《ながうたじゃみせん》

はなやかなリズムで奏《かな》でます

もとは、歌舞伎《かぶき》のＢＧＭ《バック・グラウンド・ミュージック》だったんですよ。幕《まく》があくと、唄《うた》い方《かた》さんが腹《はら》の底《そこ》から声《こえ》をしぼりだして唄《うた》いますねえ。「京鹿子娘道成寺《きょうかのこむすめどうじょうじ》」の舞台《ぶたい》です。

♪花《はな》のほかには松《まつ》ばかり　花《はな》のほかには松《まつ》ばかり
　暮《く》れそめて鐘《かね》やひびくらん

さあ、わたしが唄《うた》をひきたたせてあげましょう。

３本《ぼん》の弦《げん》で、川《かわ》が流《なが》れているとか、怒《おこ》っているとか、悲《かな》しいとかいう感情《かんじょう》表現《ひょうげん》をする達人《たつじん》なんでございますよ。夏《なつ》のヒグラシの鳴《な》き声《ごえ》だって、チィチチチチィと音《おと》がだせるんです。舞台《ぶたい》を影《かげ》から盛《も》りあげる、支《ささ》える。いってみれば、縁《えん》の下《した》の力持《ちからも》ちであります。

いまも、歌舞伎《かぶき》にはなくてはならないキャラクターなんです。唄《うた》い方《かた》さんやお囃子《はやし》さんと気持《きも》ちがひとつになると、最高《さいこう》にノリノリ！　幕《まく》が下《お》りても、もっともっと奏《かな》でたいんですけどねえ……。

ちかごろは、わたしのワンマン・ライブなんかもありましてね、うれしいことに、人気上昇中《にんきじょうしょうちゅう》なんです。

◆長唄《ながうた》は三味線音楽《しゃみせんおんがく》

・長唄《ながうた》は、17世紀末《せいきまつ》ごろに江戸《えど》に生《う》まれた歌舞伎音楽《かぶきおんがく》。三味線《しゃみせん》は、16世紀《せいき》ごろに琉球国《りゅうきゅうこく》（現《げん》＝沖縄県《おきなわけん》）から伝《つた》わった楽器《がっき》を改良《かいりょう》した弦楽器《げんがっき》。台詞《せりふ》に合《あ》わせて唄《うた》や演奏《えんそう》で情感《じょうかん》を表現《ひょうげん》したり、お囃子《はやし》の太鼓《たいこ》で雨《あめ》や風《かぜ》、幽霊《ゆうれい》が出《で》てくる音《おと》などの効果音《こうかおん》もだす。

長唄三味線《ながうたじゃみせん》

生《い》け花《ばな》

〝花《はな》は人《ひと》の心《こころ》〟だと申《もう》します

昔《むかし》のことだけど、女性《じょせい》のたしなみは「お茶《ちゃ》とお花《はな》」っていわれてたのよねえ。花嫁修業《はなよめしゅぎょう》の一環《いっかん》として身《み》につけた人《ひと》も多《おお》いと思《おも》うわ。「カフェでお茶《ちゃ》しようか」の〝お茶《ちゃ》〟じゃなくて、「茶《ちゃ》の湯《ゆ》」のことですのよ。「お花《はな》」っていうのも、花《はな》をつむことじゃなくて、「生《い》け花《ばな》」のことなの。似《に》ているようでも、フラワーアレンジメントとはちょっとちがうわね。

わたしが生《う》まれたのはね、ずっとずっと昔《むかし》、仏教《ぶっきょう》が日本《にほん》にきてからなのでございますのよ。仏《ほとけ》さまにそなえる「供花《くげ(きょうか)》」としてね。それからたくさんの時代《じだい》をへて、いまじゃ三大芸道《さんだいげいどう》「茶道《さどう》」「香道《こうどう》」「華道《かどう》」のひとつといわれてます。植物《しょくぶつ》が好《す》きな日本人《にほんじん》だからこそ、芸道《げいどう》にまで発展《はってん》させたのでしょう。身《み》につけておくといい礼儀作法《れいぎさほう》だと思《おも》っていただけると、とてもうれしいわ。

わたしの〝命《いのち》〟は、季節《きせつ》の花《はな》と葉《は》っぱと枝《えだ》の空間《くうかん》が計算《けいさん》されていて、バランスがとれていること。なにしろ、芸術《げいじゅつ》なんでございますからね。いそがしい日々《ひび》のちょっとした合間《あいま》に、わたしを飾《かざ》って楽《たの》しみませんか?

花《はな》(華《はな》)の道《みち》です

- 草木《くさき》を花器《かき》にさして、自然美《しぜんび》を表現《ひょうげん》して観賞《かんしょう》する芸術《げいじゅつ》。三大流派《さんだいりゅうは》は、池坊《いけのぼう》、小原流《おはらりゅう》、草月流《そうげつりゅう》。
- 茶室《ちゃしつ》の床《とこ》の間《ま》に生《い》ける花《はな》を「茶花《ちゃばな》」といい、新鮮《しんせん》で〝侘《わ》び〟のあるものが好《この》まれる。

生《い》け花《ばな》

将棋《しょうぎ》

八十一《はちじゅういち》が原《はら》の戦場《せんじょう》で

おれは歩兵《ふひょう》。ほふく前進《ぜんしん》するように一歩《いっぽ》ずつしか進《すす》めない、平凡《へいぼん》な足軽《あしがる》九《く》人衆《にんしゅう》さ。戦《いくさ》のときにはいちばん前《まえ》にいて、個性豊《こせいゆた》かな仲間《なかま》とともに、八十一《はちじゅういち》が原《はら》の戦場《せんじょう》で相手方《あいてかた》と対戦《たいせん》するんだ。

おれらのまわりには、がむしゃらに突《つ》きすすむ香車《きょうしゃ》や忍者走《にんじゃばし》りの桂馬《けいま》が、手柄《てがら》をたてようとねらっている。

斜《なな》めっ飛《と》びの角行《かくぎょう》と縦横《たてよこ》まっすぐにどこでも行《い》ける飛車《ひしゃ》は暴《あば》れん坊《ぼう》の遊軍《ゆうぐん》で、王《おう》さまの側近《そっきん》は金《きん》と銀《ぎん》の将軍《しょうぐん》。

先頭《せんとう》にいるおれらがまごまごしていると、うしろから「じゃまだ！」とどなられるけど、一歩《いっぽ》ずつしか動《うご》けないんだから仕方《しかた》がないよな。これが、足軽《あしがる》の宿命《しゅくめい》。

でも、そんなおれたちが敵陣《てきじん》に入《はい》って相手《あいて》をたおすと、金将《きんしょう》に変身《へんしん》！　足《あし》軽《がる》でも、勇敢《ゆうかん》に戦《たたか》えば将軍《しょうぐん》にだってなれる。出世《しゅっせ》ができるんだ。「歩《ふ》のない将《しょう》棋《ぎ》は負《ま》け将棋《しょうぎ》、しょせん歩《ふ》がなきゃ成《な》り立《た》たぬ」ってね。

♠**将棋《しょうぎ》パワー**

・集中力《しゅうちゅうりょく》が高《たか》まるといって、将棋《しょうぎ》を習《なら》う大人《おとな》や子《こ》どもが増《ふ》えている。実際《じっさい》に駒《こま》を使《つか》わずに、将棋盤《しょうぎばん》を頭《あたま》の中《なか》でイメージしながら指《さ》す「脳内将棋《のうないしょうぎ》」もある。

将棋
しょうぎ

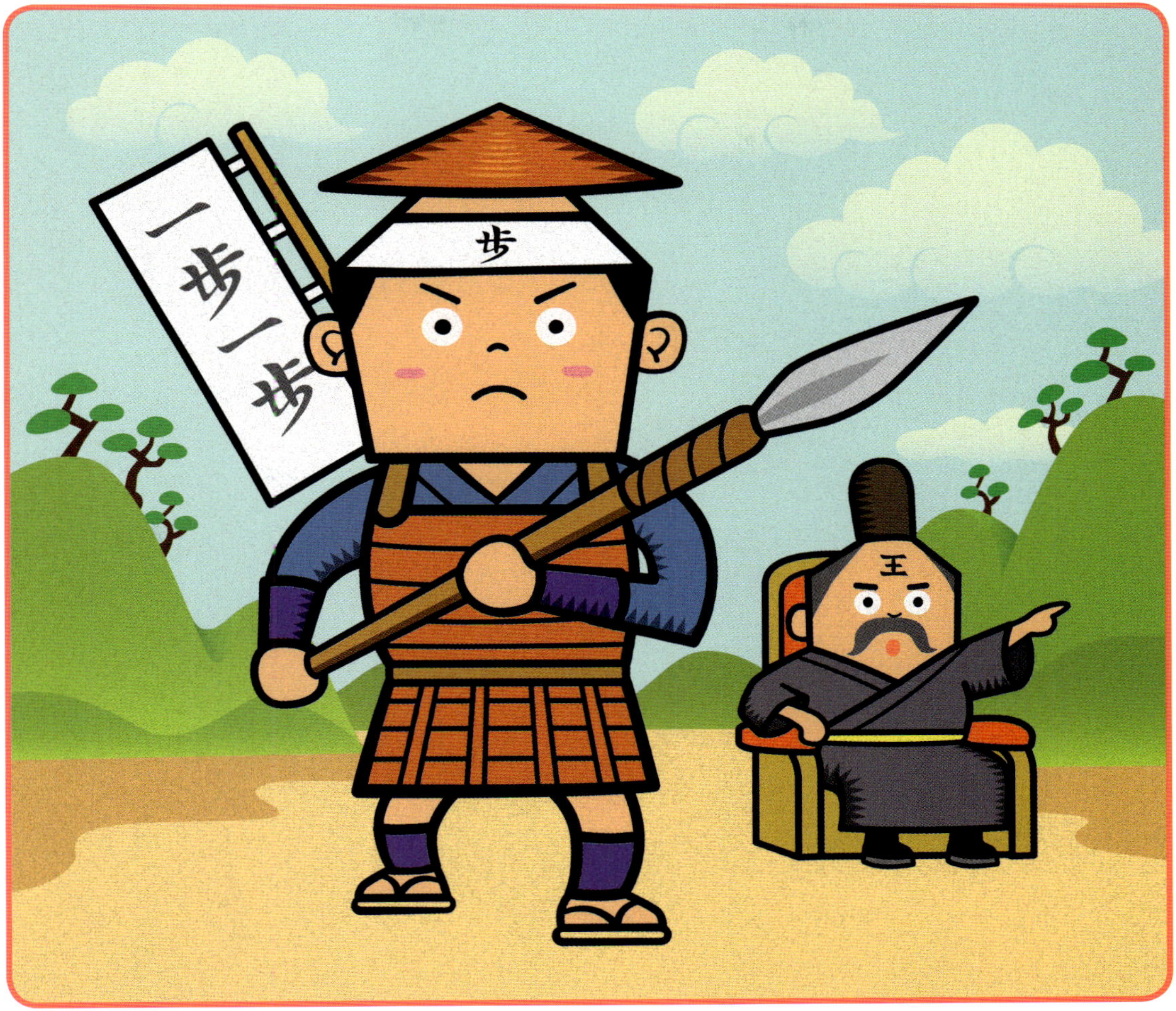

文楽《ぶんらく》・人形《にんぎょう》

息《いき》は、見《み》せんと盗《ぬす》むものや

わいは、あやつり人形《にんぎょう》の役者《やくしゃ》や。わいを動《うご》かす「人形遣《にんぎょうつか》い」はんのほかに、舞台横《ぶたいよこ》のお盆状《ぼんじょう》の床《ゆか》に、わいの声《こえ》を演《えん》じたりナレーターをする「太夫《たゆう》」はんと、「三味線弾《しゃみせんひ》き」はんが座《すわ》っとる。その床《ゆか》はな、ひとつの場面《ばめん》が終《お》わると、くるりと回転《かいてん》して、別《べつ》の太夫《たゆう》はんと三味線弾《しゃみせんひ》きはんに入《い》れ替《か》わるんや。そうやって、続《つづ》きの場面《ばめん》が始《はじ》まるんやね。

よろこびや切《せつ》ない気持《きも》ちを、まるで生《い》きとる人間《にんげん》のように演《えん》じまんねん。テレビの再現《さいげん》ドラマみたいなものやろかねえ。江戸時代《えどじだい》には、世間《せけん》で起《お》こった事件《じけん》をすぐ演《えん》じたさかい、一時《いちじ》は歌舞伎《かぶき》より人気《にんき》があったちうことや。

太夫《たゆう》はんちうのは、語《かた》っているときには、自分《じぶん》の呼吸《こきゅう》やなくて、わいたち登場人物《とうじょうじんぶつ》の呼吸《こきゅう》をせなならん。客《きゃく》に呼吸《こきゅう》を見《み》せてもええのは、咳《せき》や笑《わら》いのときだけや。「息《いき》を見《み》せる」ちうんやで。三味線弾《しゃみせんひ》きはんは、太夫《たゆう》はんの語《かた》りを助《たす》ける。そこに人形遣《にんぎょうつか》いはんたちも加《くわ》わって、お互《たが》いが気持《きも》ちをぴたりとひとつにして、つとめるんや。エライ修業《しゅぎょう》せな、でけへんのやろねえ。

◆世界《せかい》に誇《ほこ》る人形劇《にんぎょうげき》

・文楽《ぶんらく》は、1体《たい》の人形《にんぎょう》を3人《にん》の人形遣《にんぎょうつか》いが操《あやつ》る、世界《せかい》でもめずらしい手法《しゅほう》をとる。かしら（頭部分《あたまぶぶん》）や衣裳《いしょう》などは別々《べつべつ》に保管《ほかん》されていて、公演《こうえん》のたびに、役《やく》に合《あ》わせて、ふさわしい衣裳《いしょう》や手足《てあし》、胴《どう》、小道具《こどうぐ》などがそろえられる。

文楽・人形
ぶんらく　にんぎょう

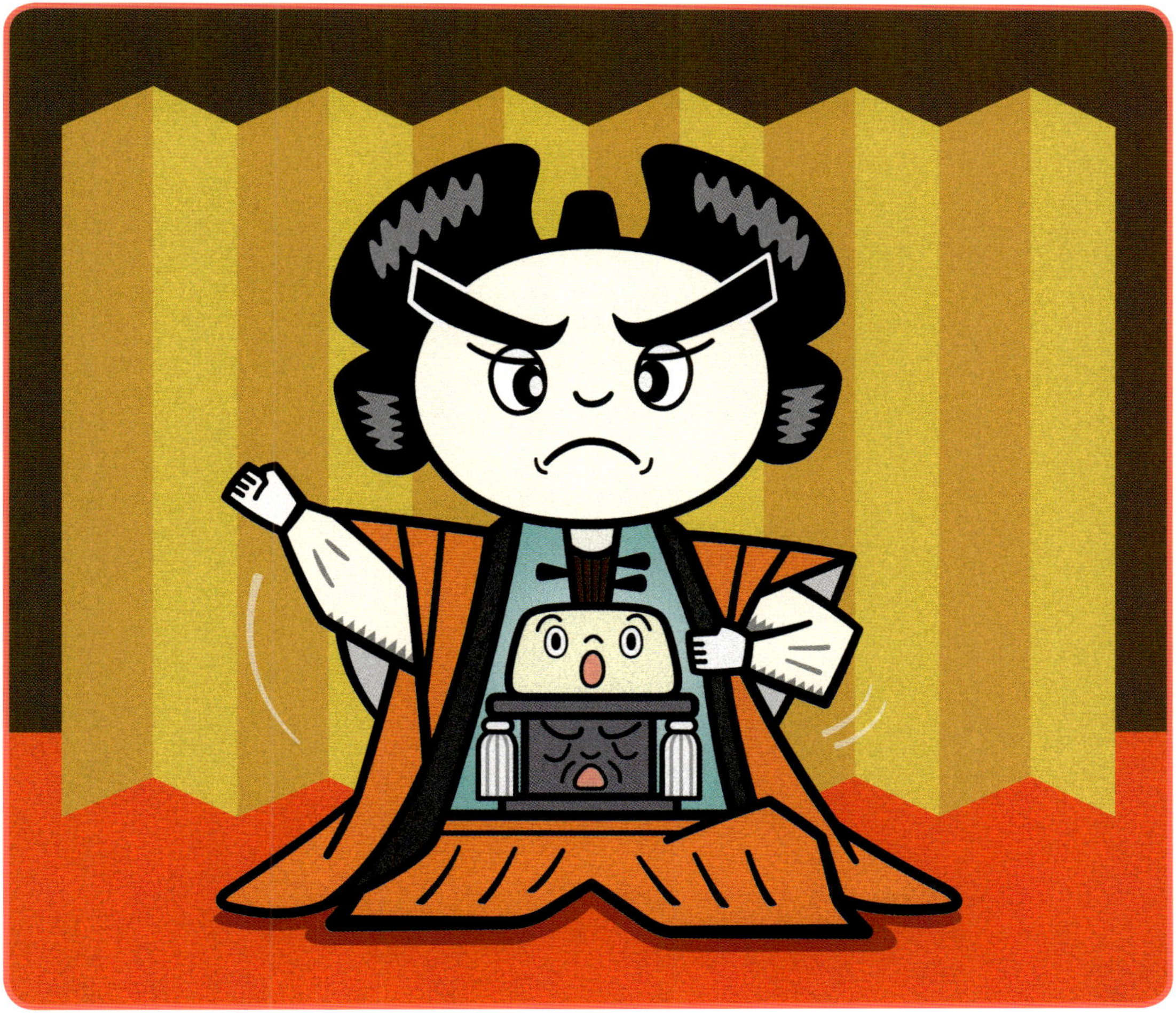

能《のう》・女面《おんなめん》

仮面劇《かめんげき》の世界《せかい》

わたしは、能楽堂《のうがくどう》で舞《ま》う女面《おんなめん》。仲間《なかま》には「翁《おきな》」や「男面《おとこめん》」に「鬼神《きじん》」「怨霊《おんりょう》」などがいて、舞台《ぶたい》で活躍《かつやく》します。鬼神《きじん》なんて鬼《おに》や天狗《てんぐ》みたいな超自然《ちょうしぜん》の者《もの》だし、怨霊《おんりょう》はもっとすごいわ。この世《よ》に思《おも》いを残《のこ》して死《し》んでいった者《もの》の霊《れい》ですからね。

舞台《ぶたい》でわれらを演《えん》じるのは、みな男性《だんせい》。それぞれの役《やく》になりきって舞《ま》います。わたしの顔《かお》は、ひと役《やく》にひとつの面《めん》ではなくて、年齢《ねんれい》とか性格《せいかく》で変《か》えていくのですよ。目《め》の穴《あな》の形《かたち》を見《み》てくださいな。舞台《ぶたい》はあまり明《あか》るくないから、わかりにくいかもしれませんが、若《わか》い女性《じょせい》の目《め》は四角《しかく》っぽく、年齢《ねんれい》があがるにつれて丸《まる》みをおびてきます。悲《かな》しんだりよろこんだりするときの表情《ひょうじょう》は、顔《かお》の傾《かたむ》け方《かた》でちがってくるんです。

舞台《ぶたい》に出《で》ないときは、乾燥肌《かんそうはだ》に気《き》を遣《つか》います。ひび割《わ》れてしまったら、もう命《いのち》の終《お》わりですもの。ふだんは、西日《にしび》もあたらない暗《くら》いところに置《お》かれた、桐《きり》の箱《はこ》の中《なか》で暮《く》らしているのです。お肌《はだ》を守《まも》るためにね。

能面《のうめん》の魅力《みりょく》

・無表情《むひょうじょう》な人《ひと》を「能面《のうめん》のようだ」「能面《のうめん》ヅラ」というが、それは表情《ひょうじょう》が固定《こてい》されている面《めん》そのものからきているたとえ。能《のう》に使《つか》われる能面《のうめん》は、怒《いか》りやよろこびなどを瞬間的《しゅんかんてき》に表《あらわ》す豊《ゆた》かな表情《ひょうじょう》をもっている。

能・女面
のう　おんなめん

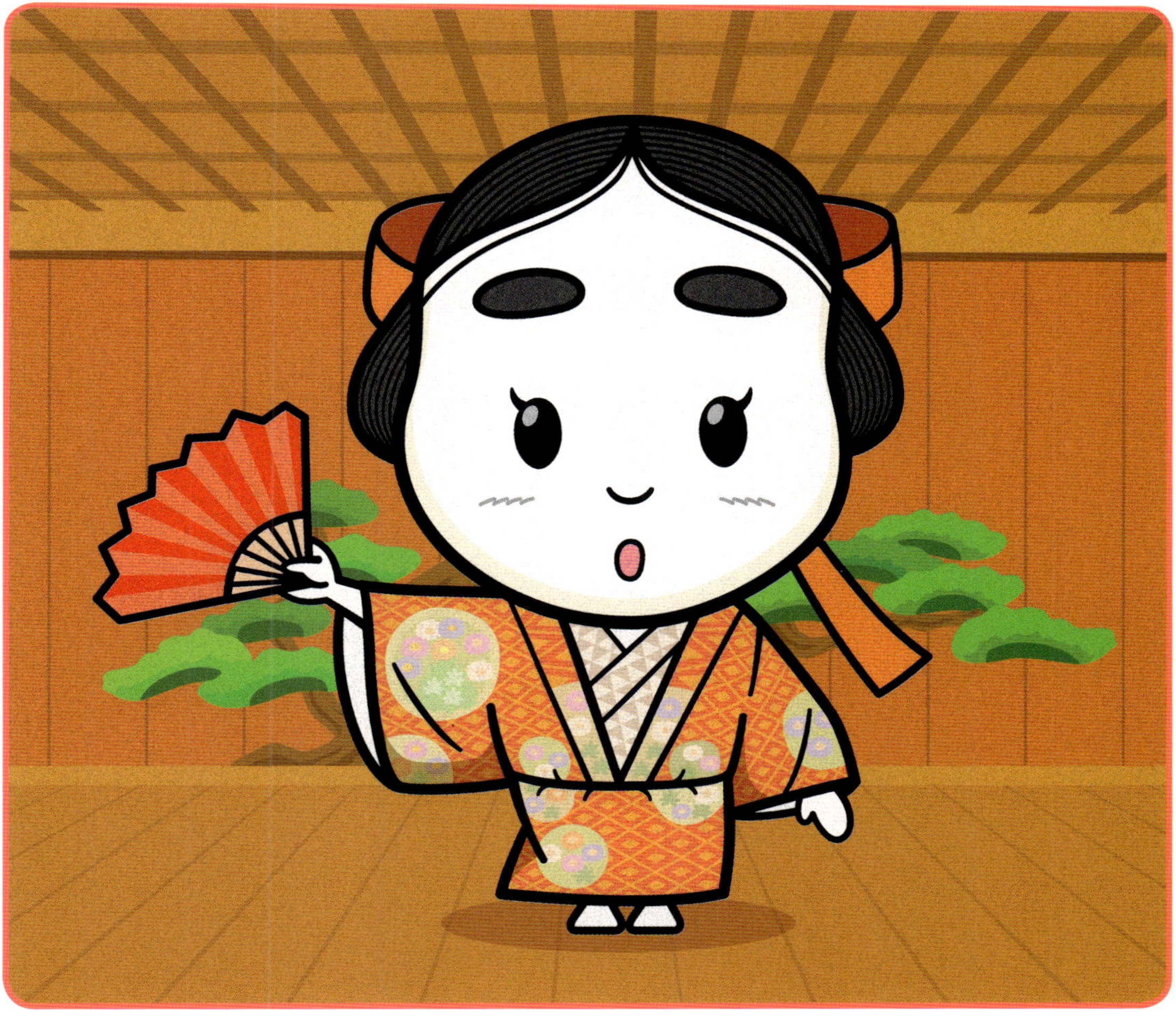

相撲《すもう》・土俵《どひょう》

国技《こくぎ》をしっかり支《ささ》えます

「土俵《どひょう》」の名《な》のとおり、わしの体《からだ》は粘土《ねんど》まじりの土入《つちい》り俵《だわら》をまるく敷《し》きつめてできておる。まん中《なか》には土《つち》をかぶせてかため、上《うえ》に砂《すな》がまいてある。

神代《かみよ》の昔《むかし》から、その年《とし》の農作物《のうさくぶつ》の収穫《しゅうかく》を占《うらな》う儀式《ぎしき》として、力自慢《ちからじまん》の男《おとこ》たちが相撲《すもう》を奉納《ほうのう》してきた。相撲《すもう》は、戦《いくさ》にそなえて身《み》を鍛《きた》える武芸《ぶげい》でもあり、心《こころ》を鍛《きた》える武道《ぶどう》でもありつつ、神事《しんじ》と深《ふか》いつながりがあったのじゃ。いまではスポーツとしてとりおこなわれることが多《おお》いがの。

立会《たちあい》までは、塩《しお》をまき、仕切《しき》りの前《まえ》で手《て》をついて、相手《あいて》との呼吸《こきゅう》をはかる。何度《なんど》もくり返《かえ》して、力士同士《りきしどうし》が覚悟《かくご》を決《き》めた瞬間《しゅんかん》に勝負《しょうぶ》が始《はじ》まるのだ。

「はっけよい　のこった！」

行司《ぎょうじ》さんがかけ声《ごえ》をかけ、大歓声《だいかんせい》がわき、ふたりの力士《りきし》が組《く》み合《あ》ってぶつかる。つま先立《さきだ》ちして踏《ふ》みこたえ、なんとしてでも俵《たわら》に足《あし》を残《のこ》して勝《か》った力士《りきし》を、「土俵際《どひょうぎわ》の魔術師《まじゅつし》！」ともいうのじゃ。わしは、どちらにもえこひいきしないで、しっかりと見届《みとど》けているだけだがな……。

力士《りきし》ってサラリーマン？

・競技興行《きょうぎこうぎょう》としての「大相撲《おおずもう》」の力士《りきし》は、日本相撲協会《にほんすもうきょうかい》に雇《やと》われている給与所得者《きゅうよしょとくしゃ》。職業人《しょくぎょうじん》ではないアマチュアの相撲《すもう》は、日本相撲連盟《にほんすもうれんめい》が主催《しゅさい》する。

相撲《すもう》からきたことわざ・慣用句《かんようく》

・「勇《いさ》み足《あし》」「人《ひと》の褌《ふんどし》で相撲《すもう》をとる」「相撲《すもう》に勝《か》って勝負《しょうぶ》に負《ま》ける」など。

相撲・土俵
  すもう　どひょう

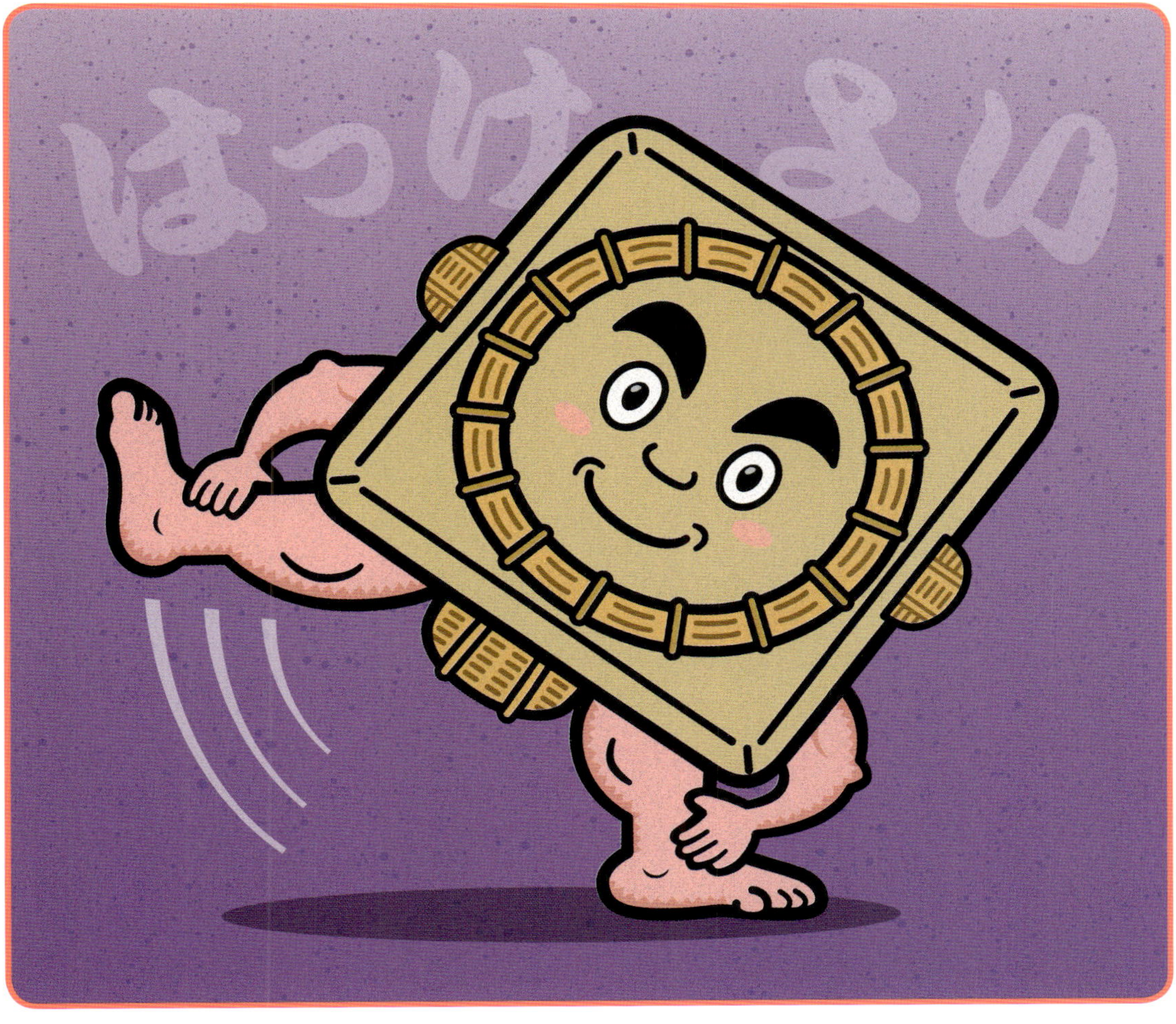

歌舞伎《かぶき》・見得《みえ》

最高《さいこう》のパフォーマンスです

物語《ものがたり》がクライマックスにさしかかると、お客《きゃく》さんたちが「さあ、待《ま》ってました！」と期待《きたい》するんだ。役者《やくしゃ》さんはいきなり止《と》まって、「いまが最高《さいこう》だぜ。見《み》てね！」とポーズをとる。

そこで、ぼくの出番《でばん》！ 首《くび》をぐるりとまわし、眉《まゆ》をつりあげ、目《め》を大《おお》きく見《み》開《ひら》いてにらみをきかせ、呼吸《こきゅう》もつめるんだ。はげしく動《うご》くところを止《と》めるんだから、すさまじいエネルギーが爆発《ばくはつ》するんだよね。

拍子木《ひょうしぎ》がバタバタバタッと鳴《な》って……大向《おおむこ》うから「音羽屋《おとわや》！」「八代目《はちだいめ》！」などとかけ声《ごえ》がかかる。このタイミングがうまく合《あ》わないと、ぼくはずっこけてしまうけど、全部合《ぜんぶあ》うと、客席《きゃくせき》も一体《いったい》となって、ぼくの独擅場《どくせんじょう》さ。

片方《かたほう》の目《め》はまん中《なか》に置《お》いておいて、もう片方《かたほう》の目《め》を内側《うちがわ》に寄《よ》せたりもするからね、みごとな芸《げい》だろ。お客《きゃく》さんの気持《きも》ちをひとつにして、気分《きぶん》を高《たか》める。

自分《じぶん》でいうのもなんだけど、ぼくの技《わざ》は天才的《てんさいてき》だと思《おも》うよ。

◆見得《みえ》のご利益《りやく》

・江戸時代《えどじだい》に、初代市川團十郎《しょだいいちかわだんじゅうろう》が江戸歌舞伎《えどかぶき》をつくった。その市川家《いちかわけ》には「にらみ」という見得《みえ》が伝《つた》わっていて、演《えん》じることを許《ゆる》されているのは、團十郎《だんじゅうろう》・海老蔵《えびぞう》ほか一門《いちもん》の地位《ちい》の高《たか》い役者《やくしゃ》だけ。これを見《み》た観客《かんきゃく》は、邪気《じゃき》がはらわれるという。

歌舞伎《かぶき》・見得《みえ》

2章《しょう》

技《わざ》 心《こころ》をこめる

モノづくりの技《わざ》は、衣食住《いしょくじゅう》のすべてに生《い》かされています。「技《わざ》をみがく」とか「技《わざ》を競《きそ》う」ということばがあります。技《わざ》をみがけば「一芸《いちげい》に秀《ひい》でる」ことができて、やがては匠《たくみ》や名人《めいじん》にもなれることもあります。

このグループに登場《とうじょう》する船簞笥《ふなだんす》や日本刀《にほんとう》は、長《なが》い年月《ねんげつ》の間《あいだ》につちかわれてきた伝統《でんとう》の技《わざ》。番傘《ばんがさ》や雪吊《ゆきつ》りなどは、暮《く》らしの必要性《ひつようせい》から生《う》まれたものです。だれにでもできるぬか漬《づ》けも、日本《にほん》ならではの風土《ふうど》が育《はぐく》んできた食《しょく》の技《わざ》なのです。心《こころ》をこめてみがかれ、受《う》け継《つ》がれてきた技《わざ》は、その心《こころ》を守《まも》って未来《みらい》に伝《つた》えていきたいものですね。

シルエットクイズ2 わたしはだれ？（答《こた》えは94、95ページ）

③

信頼《しんらい》にこたえる、船《ふね》の金庫《きんこ》

①

野菜《やさい》、発酵《はっこう》、まぜまぜ、ぽりぽり

④

これぞ、武士《ぶし》の 魂《たましい》

②

思《おも》わず立《た》ちどまる、お料理《りょうり》模型《もけい》

折《お》り紙《がみ》

千羽鶴《せんばづる》は平和《へいわ》のシンボルなんです

四角《しかく》い紙《かみ》を三角《さんかく》に折《お》ったり四角《しかく》に折《お》ったり……。ハサミも糊《のり》もいらないわ。指《ゆび》を使《つか》って折《お》ってくれたらいいのよ。ただ、角《かど》をきっちり合《あ》わせることだけは、忘《わす》れないでね。広告紙《こうこくし》を使《つか》っても新聞紙《しんぶんし》を使《つか》ってもいいんだけど、やっぱりきれいになりたいから、色紙《いろがみ》や千代紙《ちよがみ》を使《つか》ってほしいな。

わたしって、なんにでもなれるんだから。風船《ふうせん》でしょ、カエルや恐竜《きょうりゅう》でしょ。折《お》り紙飛行機大会《がみひこうきたいかい》なんてのもあります。祝《いわ》い事《ごと》の〝のし袋《ぶくろ》〟とか、お年玉《としだま》袋《ぶくろ》としても活躍《かつやく》しています。得意《とくい》なのは、ツルに変身《へんしん》することね。

ツルになったわたしが1000羽《ば》集《あつ》まると〝千羽鶴《せんばづる》〟って呼《よ》ばれるのよ。原《げん》爆《ばく》で亡《な》くなった佐々木禎子《ささきさだこ》ちゃんって知《し》ってる？ 広島市《ひろしまし》にある「原爆《げんばく》の子《こ》の像《ぞう》」にはね、毎年《まいとし》、世界中《せかいじゅう》から1000万羽《まんば》も集《あつ》まって、平和《へいわ》を祈《いの》るのよ。

わたしを海外旅行《かいがいりょこう》に持《も》っていく人《ひと》も、けっこう多《おお》いのです。外国《がいこく》の子《こ》どもたちが、とってもよろこびますからね。

♠江戸時代《えどじだい》にもあった！

・1700年《ねん》ごろから、折《お》り鶴《づる》や舟《ふね》などの折《お》り紙《がみ》が衣装《いしょう》の模様《もよう》として流行《りゅうこう》し、浮世絵《うきよえ》などにも描《えが》かれるようになった。1797（寛政《かんせい》9）年《ねん》に出版《しゅっぱん》された『秘傳千羽鶴折形《ひでんせんばづるおりかた》』は、世界最古《せかいさいこ》の折《お》り紙《がみ》の文献《ぶんけん》とされている。

♠佐々木禎子《ささきさだこ》ちゃん

・1945（昭和《しょうわ》20）年《ねん》8月《がつ》に広島《ひろしま》に落《お》とされた原子爆弾《げんしばくだん》で被曝《ひばく》。10年後《ねんご》に白血病《はっけつびょう》を発症《はっしょう》。入院中《にゅういんちゅう》に快復《かいふく》を願《ねが》って包《つつ》み紙《がみ》などで鶴《つる》を折《お》り続《つづ》けたが、8か月《げつ》の闘病《とうびょう》の後《のち》、1955（昭和《しょうわ》30）年《ねん》10月《がつ》に12歳《さい》で亡《な》くなった。「原爆《げんばく》の子《こ》の像《ぞう》」のモデルとなった人物《じんぶつ》。

折《お》り紙《がみ》

ぬか漬《づ》け

極《きわ》めつきのスローフードなのじゃ

オッホン！　わしは、発酵食品科《はっこうしょくひんか》の「ドクターぬか漬《づ》け」じゃ。ぬかみそ臭《くさ》いなんていわれて嫌《きら》われ者《もの》になったりもするが、隠《かく》れた名医《めいい》なのじゃよ。

わしの体《からだ》が植物性乳酸菌《しょくぶつせいにゅうさんきん》でできているのを知《し》っておるかな。おなかの調子《ちょうし》を整《ととの》えて善玉菌《ぜんだまきん》を増《ふ》やすのじゃ。ビタミンB1《ビーワン》でブドウ糖《とう》を分解《ぶんかい》して、脳《のう》の働《はたら》きも高《たか》めてやる。診察料《しんさつりょう》なんかいらんぞ。わしをそばにおいて、野菜《やさい》などを漬《つ》けこんで食《た》べてみるがいい。そうすれば、健康《けんこう》まちがいなしじゃ。

わしらは長生《ながい》き一族《いちぞく》。江戸時代《えどじだい》から生《い》きているドクターもおるんじゃ。その秘訣《ひけつ》は、「足《た》しぬか」と「お手入《てい》れ」。名医《めいい》のわしに長生《ながい》きしてもらいたかったら、手業《てわざ》の名人《めいじん》になることじゃ。ときどき「ぬか」を補給《ほきゅう》して、1日《にち》1回《かい》、上下《じょうげ》をひっくりかえすようにかきまぜること。毎日面倒《まいにちめんどう》くさがらずにかきまぜてもらえば、足腰達者《あしこしたっしゃ》、百歳現役《ひゃくさいげんえき》で元気《げんき》に働《はたら》ける。それこそが、ほんとうの「お手入《てい》れ」なのだよ。

そうそう、大好物《だいこうぶつ》の昆布《こんぶ》や煮干《にぼ》し、トウガラシにニンニクなどもよろしくたのむ。いつも食《た》べていないと、わしは栄養失調《えいようしっちょう》になってしまうからの。

乳酸菌《にゅうさんきん》パワーはすごい！

・スローフードとは、地域《ちいき》の伝統的《でんとうてき》な食文化《しょくぶんか》や食材《しょくざい》のこと。そのひとつの〝ぬか〟には、植物性乳酸菌《しょくぶつせいにゅうさんきん》がたくさんふくまれている。乳酸菌《にゅうさんきん》や酵母《こうぼ》のバランスがいいぬか床《どこ》は、野菜《やさい》に栄養《えいよう》がしみて風味《ふうみ》がでる。植物性乳酸菌食品《しょくぶつせいにゅうさんきんしょくひん》は、キムチ（韓国《かんこく》）、ザワークラウト（ドイツ）、テンペ（インドネシア）、ザーサイ（中国《ちゅうごく》）など世界各地《せかいかくち》にある。

ぬか漬《づ》け

こけし

遊《あそ》び友《とも》だちなんだよね

おらは、鳴子《なるこ》こけしちゃん。髪《かみ》を赤《あか》いリボンで結《むす》んで、お気《き》に入《い》りの菊模様《きくもよう》の服《ふく》を着《き》てるだよ。東北地方《とうほくちほう》には親戚《しんせき》がいっぱいいるだども、おらがいちばん年上《としうえ》だな。

めんこいおらだちは、みんなおなごなんだっちゃ！　おなごは目《め》が命《いのち》だべ。でも、いまのおなごらみてえに、目《め》のまわりをぬりたくったりしねえ。メイクさんが、スーッと息《いき》をつめてシンプルな一重《ひとえ》まぶたの化粧《けしょう》をしてくれるんだ。子《こ》どもがすこやかに育《そだ》つように願《ねが》いながら、遊《あそ》び相手《あいて》になってきたんだよ。どんなに悲《かな》しくてつらいときでも、おらを見《み》たらほっとするように、いつもほほえんでいるだっちゃ。首《くび》を回《まわ》したら、キイキイって音《おと》がでるべ。そうしておらと遊《あそ》んでほしいなあ。

さいきん、ロシアのマトリョーシカちゃんと仲《なか》よくなったんだよねー。そすたらばなんと、〝鳴子縁起《なるこえんぎ》マトリョーシカ〟が仲間入《なかまい》りしちゃった。インターナショナルになったもんだよねえ。

♠**伝統工芸品《でんとうこうげいひん》**

・湯治場《とうじば》の近《ちか》くにすむ木地師《きじし》たちがつくりはじめた。こけしや独楽《こま》などの木地玩具《きじがんぐ》をつくっては、湯治客《とうじきゃく》相手《あいて》のみやげものとして売《う》るようになった。「こけし」と呼《よ》ばれるようになったのは1940（昭和《しょうわ》15）年《ねん》ごろで、それまでは各地《かくち》の方言《ほうげん》で呼《よ》ばれていた。

・こけしは11の系統《けいとう》に分《わ》けられるが、そのうちの遠刈田系《とおがったけい》、弥治郎系《やじろうけい》、作並系《さくなみけい》、肘折系《ひじおりけい》、鳴子系《なるこけい》が「宮城伝統《みやぎでんとう》こけし」として、国《くに》の伝統的工芸品《でんとうてきこうげいひん》に指定《してい》されている。

こけし

雪吊《ゆきつ》り

木《き》を守《まも》る傘《かさ》であります

冬《ふゆ》の庭園《ていえん》で、雪《ゆき》の被害《ひがい》から木《き》を守《まも》るわれは、稲《いな》わらをより合《あ》わせた荒縄《あらなわ》です。石川県金沢市《いしかわけんかなざわし》の兼六園《けんろくえん》にある「唐崎《からさき》の松《まつ》」を知《し》っていますかな。昔《むかし》、加賀藩《かがはん》のお殿《との》さまが、近江《おうみ》（滋賀県《しがけん》）の唐崎《からさき》から松《まつ》の種《たね》をとり寄《よ》せて育《そだ》てたことからその名前《なまえ》がついた名木《めいぼく》。9メートルもの高《たか》さがあるんです。夏《なつ》の間《あいだ》、庭師《にわし》さんたちは前《まえ》の年《とし》の古《ふる》い葉《は》っぱを手《て》でていねいにむしりとる作業《さぎょう》に精《せい》をだします。雪《ゆき》が降《ふ》っても枝《えだ》のすき間《ま》から落《お》ちやすいように、さっぱりさせるんですよ。

秋《あき》も深《ふか》まると、ようやくわれが登場《とうじょう》。唐崎《からさき》の松《まつ》の冬支度《ふゆじたく》には、800本《ぼん》ものわれが使《つか》われるのであります。たった1本《ぽん》の木《き》にですよ。そりゃあもう、見物人《けんぶつにん》は集《あつ》まるし、庭師《にわし》さんたちにとっては晴《は》れ舞台《ぶたい》。松《まつ》よりさらに高《たか》く立《た》てた5本《ほん》の芯柱《しんばしら》それぞれのてっぺんから、ひとまとめにしてあるわれらの端《はし》を放射状《ほうしゃじょう》に投《な》げ下《お》ろし、腕《うで》によりをかけて1本《ぽん》1本《ぽん》の枝《えだ》に結《むす》びつけるんです。

足場《あしば》の上《うえ》の庭師《にわし》さんたちは、まるで軽業師《かるわざし》みたいに動《うご》きまわります。みごとな傘《かさ》に変身《へんしん》したわれは、雪解《ゆきど》けのころまで傘《かさ》をさしつづける木守《こも》りであります。冬囲《ふゆがこ》いのエースですな。

♠「冬囲《ふゆがこ》い」のひとつです

・積雪《せきせつ》の重《おも》みによる倒木《とうぼく》や枝折《えだお》れを防《ふせ》いだり、寒風《かんぷう》から樹木《じゅもく》を守《まも》るために行《おこな》う日本独特《にほんどくとく》の造園技術《ぞうえんぎじゅつ》で、種類《しゅるい》には「しぼり」「みき吊《つ》り」「りんご吊《つ》り」などがある。兼六園《けんろくえん》の名木《めいぼく》には、いちばん複雑《ふくざつ》な「りんご吊《つ》り」を使用《しよう》。

・冬《ふゆ》の風物詩《ふうぶつし》として、雪《ゆき》が少《すく》ない地方《ちほう》でも行《おこな》われている。

雪《ゆき》吊《つ》り

番傘《ばんがさ》

エコなのに……

極《きわ》めつきの自然派《しぜんは》なのに、それがしは、いまや絶滅危惧種《ぜつめつきぐしゅ》かもしれぬ。雨《あめ》の日《ひ》にそれがしを持《も》ち歩《ある》く人《ひと》を見《み》かけなくなって、久《ひさ》しいからのう。

長傘《ながかさ》も折《お》りたたみ傘《がさ》も、仲間《なかま》にはちがいないが、日本《にほん》で生《う》まれたものではござらぬ。石油《せきゆ》からできているビニール傘《がさ》なんか、そりゃあ、どこでも買《か》えて便利《べんり》だが、とりえは安《やす》くて軽《かる》いことだけだろうよ。風《かぜ》が強《つよ》いとすぐにあおられて、ゴミ扱《あつか》い。あわれなものだ。

彼《かれ》らにくらべて、がっしりと骨太《ほねぶと》のそれがしは、雨《あめ》に強《つよ》くて、昔《むかし》から庶民《しょみん》に愛《あい》されてきたのだ。

それなのに、辞書《じしょ》にはなんと、それがしのことが〝粗末《そまつ》な雨傘《あまがさ》〟などと書《か》かれておるのだ。

たしかに、古《ふる》くなれば柿渋《かきしぶ》や油《あぶら》を塗《ぬ》った紙《かみ》は破《やぶ》れてお化《ば》けのようになるが、粗末《そまつ》というのはいいすぎであろう。面目丸《めんぼくまる》つぶれでござる。

一《ひと》つ目《め》一本足《いっぽんあし》の妖怪《ようかい》「からかさお化《ば》け」は、破《やぶ》れ傘《がさ》になって捨《す》てられた、それがしの先祖《せんぞ》のことかもしれんなあ……。

♠**傘寿《さんじゅ》**

・数《かぞ》え年《どし》で80歳《さい》の祝《いわ》いのこと。傘《かさ》の略字《りゃくじ》「仐」を分解《ぶんかい》すると「八十《はちじゅう》」になるところからきている。数《かぞ》え年《どし》は、生《う》まれたその日《ひ》に1歳《さい》、初正月《はつしょうがつ》に2歳《さい》となり、以後《いご》も誕生日《たんじょうび》にではなく正月《しょうがつ》ごとに歳《とし》をとる年齢《ねんれい》の数《かぞ》え方《かた》。

番傘
ばんがさ

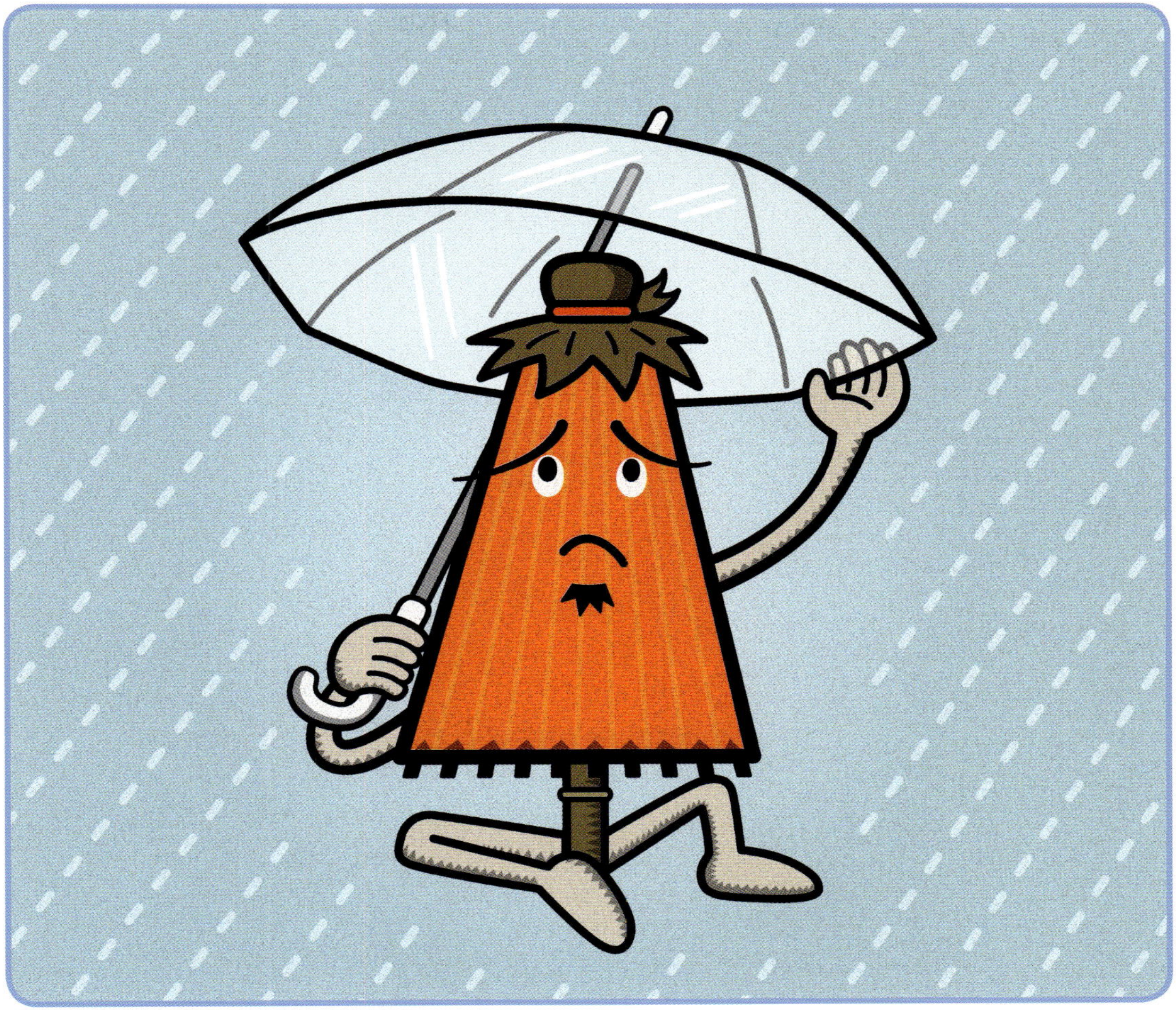

食品《しょくひん》サンプル

たかが模型《もけい》、されど模型《もけい》

食《た》べもの屋《や》さんのショーウィンドーに並《なら》んでいるあたしたちは、それぞれがお店《みせ》の料理《りょうり》のそっくりさん。カレーライス、うどん、スパゲティミートソース、チョコパフェ、てんぷら、ラーメン……。どれもこれも、本物《ほんもの》と見分《みわ》けがつかないくらい。お客《きゃく》さんは、あたしたちを見《み》て食《た》べたいものを決《き》めるわけです。にせものだとわかっていても、そこに匂《にお》いとか味《あじ》を感《かん》じるんですねえ。日本食《にほんしょく》を知《し》らない外国人《がいこくじん》も、あたしたちがいることで大助《おおだす》かりなんじゃありませんか。

食《た》べもの屋《や》さんだけではありません。あたしたちは、多方面《たほうめん》に大活躍《だいかつやく》しています。フルーツや野菜《やさい》が、ネックレスになったり、イヤホンジャックやストラップなんてものにもなっているんですよ。スマホケースがカレーライスなんてのもあって、すっかり市民権《しみんけん》を得《え》ました。あたしたちを生《う》んでくれた日本人《にほんじん》に、ただただ感謝《かんしゃ》するばかりです。

♠大正《たいしょう》から昭和《しょうわ》にかけて生《う》まれた技《わざ》

・島津製作所《しまづせいさくしょ》（京都《きょうと》）で西尾惣次郎《にしおそうじろう》らが1917（大正《たいしょう》6）年《ねん》に保健食料理模型《ほけんしょくりょうりもけい》を制作《せいさく》したという記録《きろく》がいちばん古《ふる》い。東京《とうきょう》では、1923（大正《たいしょう》12）年《ねん》に起《お》こった関東大震災後《かんとうだいしんさいご》、白木屋百貨店《しろきやひゃっかてん》の依頼《いらい》で須藤勉《すどうつとむ》が制作《せいさく》。

・その後《ご》、事業化《じぎょうか》の道《みち》を拓《ひら》いたのは、大阪《おおさか》で西尾《にしお》の食品模型《しょくひんもけい》に接《せっ》してこれに影響《えいきょう》を受《う》けた岩崎瀧三《いわさきたきぞう》だった。現在《げんざい》は、岩崎《いわさき》の故郷《こきょう》、岐阜県郡上市《ぎふけんぐじょうし》での生産量《せいさんりょう》が日本一《にほんいち》。

食品《しょくひん》サンプル

藍染《あいぞめ》・すくも

ぼくは生《い》きています！

「すくもくん」と呼《よ》んでね。阿波踊《あわおど》りで有名《ゆうめい》な徳島《とくしま》生《う》まれの徳島育《とくしまそだ》ち。ぼくのご先祖《せんぞ》は、室町時代《むろまちじだい》にはもういたんだよ。

乾《かわ》かした藍《あい》の葉《は》っぱを藍師《あいし》さんたちが寝床《ねどこ》に寝《ね》かしてね、水《みず》やりと切返《きりかえ》しをくり返《かえ》して発酵《はっこう》させたのがぼく。寝床《ねどこ》に寝《ね》かされてから100日《にち》もかかって、ようやく生《う》まれるんだよ。種《たね》まきからはおよそ300日間《にちかん》もかかっていて、1日《にち》の休《やす》みも許《ゆる》されない藍師《あいし》さんたちの汗《あせ》の結晶《けっしょう》なんだ。

布《ぬの》を藍色《あいいろ》に染《そ》める液《えき》をつくるには、ぼくがいないとだめなんだ。ぼくがいい子《こ》だからこそ、「藍《あい》の花《はな》」が咲《さ》いて、深《ふか》い青色《あおいろ》に染《そ》めることができる。合成染《ごうせいせん》料《りょう》に負《ま》けちゃった時代《じだい》もあったけど、本物《ほんもの》の天然藍《てんねんあい》は色落《いろお》ちしないし、虫《むし》も寄《よ》せつけないし、生地《きじ》をじょうぶにするし……と、いいことばかり。

サッカー日本代表《にほんだいひょう》のユニフォームの色《いろ》は〝サムライ・ブルー〟って呼《よ》ばれてるでしょ。藍色《あいいろ》は、日本伝統《にほんでんとう》の色《いろ》なんだよ。

青《あお》より濃《こ》く、紺《こん》より淡《あわ》い色《いろ》

・日本《にほん》の藍《あい》が染《そ》めだす深《ふか》みのある青《あお》を最初《さいしょ》に「ジャパン・ブルー」といったのは、1874（明治《めいじ》7）年《ねん》に来日《らいにち》したイギリスの化学者《かがくしゃ》アトキンソン。1890（明治《めいじ》23）年《ねん》に来日《らいにち》した小泉八雲《こいずみやくも》（ラフカディオ・ハーン）も、見渡《みわた》すかぎりの藍色《あいいろ》ののれんや法被《はっぴ》を目《め》にして、「名画《めいが》のような町並《まちな》みの美《うつく》しさ」と記《しる》している。

藍染《あいぞめ》・すくも

船簞笥《ふなだんす》

北前船《きたまえぶね》のステイタスシンボル

簞笥《たんす》という名前《なまえ》だが、じつは船《ふね》にある金庫《きんこ》なのじゃよ。船頭《せんどう》さんがわしに、大切《たいせつ》な船往来手形《ふねおうらいてがた》、書類《しょるい》やお金《かね》やハンコなどをあずけるのじゃから、責任重《せきにんじゅう》大《だい》。体《からだ》にはたくさんの鍵《かぎ》がついていて、セキュリティは万全《ばんぜん》。いろんなカラクリも仕掛《しか》けてあるんじゃ。そのうえ、鎧《よろい》のような鉄金具《てつかなぐ》を着《き》て中身《なかみ》を守《まも》っておるから、どろぼうが盗《ぬす》もうとしても、かんたんに盗《ぬす》みだすこともできないわい。鍵《かぎ》をかけるときには指《ゆび》1本《ぽん》でできるんじゃが、開《あ》けるときは、ひとつひとつちがう合鍵《あいかぎ》を使《つか》うんじゃ。持《も》ち主《ぬし》でなければ絶対《ぜったい》に開《あ》けられないんだな。

嵐《あらし》にあって船《ふね》が難破《なんぱ》したときなんかが、わしの最大《さいだい》の見《み》せ場《ば》といってよかろう。荒《あ》れ狂《くる》う海《うみ》にも沈《しず》まず漂《ただよ》いつづけるから、泳《およ》ぎの達人《たつじん》といわれる。

どうして重《おも》い金庫《きんこ》が壊《こわ》れず沈《しず》まないんだって？　そりゃあ、わしをつくった職人《しょくにん》たちの技《わざ》と知恵《ちえ》だが、企業秘密《きぎょうひみつ》じゃ。

泳《およ》ぎきってどこかの浜辺《はまべ》にたどり着《つ》いたら、必《かなら》ず持《も》ち主《ぬし》の船主《ふなぬし》さんに知《し》らされてもどされるのじゃよ。貴重品《きちょうひん》を守《まも》りきってな。

◆おもに活躍《かつやく》した時期《じき》

・江戸時代《えどじだい》から大正時代《たいしょうじだい》にかけて北前船《きたまえぶね》などの千石船《せんごくぶね》に積《つ》まれた、高《たか》さ40センチくらいの小《こ》ぶりな簞笥《たんす》。三大産地《さんだいさんち》は、山形県《やまがたけん》・新潟県《にいがたけん》・福井県《ふくいけん》。

◆名《な》づけ親《おや》は、民芸運動《みんげいうんどう》で知《し》られる柳宗悦《やなぎむねよし》

・江戸時代《えどじだい》には懸硯《かけすずり》（金庫《きんこ》）、帳箱《ちょうばこ》、半櫃《はんびつ》（衣装入《いしょうい》れ）などと呼《よ》ばれていた、千石船《せんごくぶね》の家具《かぐ》の総称《そうしょう》をいう。

船箪笥《ふなだんす》

日本刀《にほんとう》・八丁念仏《はっちょうねんぶつ》団子《だんご》刺《ざ》し

レジェンドでござる

拙者《せっしゃ》、見目《みめ》うるわしく情《なさ》けなし、切《き》れてなんぼの刀《かたな》なのだ。侍《さむらい》の魂《たましい》そのものだと申《もう》してよかろう。仲間《なかま》には「正宗《まさむね》」「虎徹《こてつ》」「村正《むらまさ》」といったメジャーなやつらが大勢《おおぜい》いるが、拙者《せっしゃ》の名《な》は、知《し》る人《ひと》ぞ知《し》る「八丁念仏団子刺《はっちょうねんぶつだんござ》し」。奇妙奇天烈《きみょうきてれつ》な名前《なまえ》だと申《もう》すか。それにはわけがあるのじゃ。

昔《むかし》むかし、ある戦《いくさ》で、拙者《せっしゃ》に斬《き》られたはずの侍《さむらい》が「ナムアミダブツ　ナムアミダブツ」と念仏《ねんぶつ》を唱《とな》えながら八丁《はっちょう》（約《やく》872メートル）歩《ある》いて、ばったり倒《たお》れて息絶《いきた》えたんじゃ。それを追《お》いかけていった侍《さむらい》は、拙者《せっしゃ》を杖《つえ》代《が》わりについて歩《ある》いたゆえ、道《みち》ばたの石《いし》が団子《だんご》のように拙者《せっしゃ》に串刺《くしざ》しになっておった。

それ以来《いらい》、名刀《めいとう》としてありがたい名前《なまえ》をいただいたわけだが、残念《ざんねん》ながらもうこの世《よ》にはおらぬ。長生《ながい》きしていたのだが、関東大震災《かんとうだいしんさい》で拙者《せっしゃ》の命《いのち》も絶《た》えてしまったのじゃよ。いまとなってはもう、浮世《うきよ》のころの出来事《できごと》など、あったことかなかったことか、定《さだ》かではないがのう。

いまは昔《むかし》のこと

・日本刀《にほんとう》には変《か》わった名前《なまえ》がついたものがある。「山姥切《やまんばぎり》」「骨喰藤四郎《ほねばみとうしろう》」「にっかり青江《あおえ》」「蜥蜴丸《とかげまる》」など。

・刀《かたな》の所持《しょじ》に関《かん》しては、都道府県《とどうふけん》の文化財保護課《ぶんかざいほごか》が発行《はっこう》する「銃砲刀剣類登録証《じゅうほうとうけんるいとうろくしょう》」が必要《ひつよう》。登録証《とうろくしょう》のない日本刀《にほんとう》を所持《しょじ》すると、銃刀法違反《じゅうとうほういはん》になる。

関東大震災《かんとうだいしんさい》

・1923（大正《たいしょう》12）年《ねん》9月《がつ》1日《ついたち》に関東地方《かんとうちほう》をおそった大地震《おおじしん》。死者《ししゃ》およそ10万人《まんにん》。

日本刀《にほんとう》・八丁《はっちょう》念仏《ねんぶつ》団子《だんご》刺《ざ》し

水琴窟《すいきんくつ》

“音《おと》の風景《ふうけい》”を楽《たの》しんでね

土《つち》に埋《う》められた甕《かめ》の中《なか》にすんでいるわたしは、ひとりぼっち。外《そと》の世界《せかい》を知《し》らないわ。朝《あさ》も夜《よる》も、春《はる》も秋《あき》も、だれとも会《あ》わないで暮《く》らしています。

さみしくって、毎日《まいにち》うつらうつら、居眠《いねむ》り……。

ただね、ときどき、ひんやりとした水滴《すいてき》さんが訪《たず》ねてきてくれるの。そうすると、暗黒《あんこく》の甕《かめ》の中《なか》は、わたしの舞台《ぶたい》に早変《はやが》わり。

水《みず》がたまると、水滴《すいてき》さんといっしょに歌《うた》います。

ティーン　リーン……ティーン　リーン

ゆったりと間《ま》をおいて、すきとおった声《こえ》で歌《うた》うんです。それを聞《き》いた地上《ちじょう》の人《ひと》たちは、「心《こころ》に響《ひび》く、癒《いや》しの音《おと》」だといって感激《かんげき》するみたいです。

わたしの歌声《うたごえ》がとどいたら、立《た》ちどまって耳《みみ》を澄《す》ましてください。どんなに暑《あつ》い日《ひ》でも涼《すず》しく感《かん》じて、スーッと汗《あせ》がひいていきますから。

わたしをつくってくれた人《ひと》の顔《かお》、一度《いちど》でいいから見《み》てみたいわぁ。

♠**庭園《ていえん》の装飾品《そうしょくひん》**

・水滴《すいてき》の音《おと》が甕《かめ》の空洞《くうどう》で共鳴《きょうめい》し、琴《こと》の音《ね》に似《に》た音《おと》を響《ひび》かせる。最初《さいしょ》につくられたのは、江戸時代《えどじだい》だといわれている。

・昭和《しょうわ》30年代《ねんだい》に全国《ぜんこく》で確認《かくにん》できた水琴窟《すいきんくつ》は、2か所《しょ》だけ。甕《かめ》は泥《どろ》に埋《う》もれ、音《おと》を聞《き》くこともできなかった。いまでは、新旧《しんきゅう》さまざまな甕《かめ》の音《ね》が、各地《かくち》で響《ひび》いている。

水琴窟
　すいきんくつ

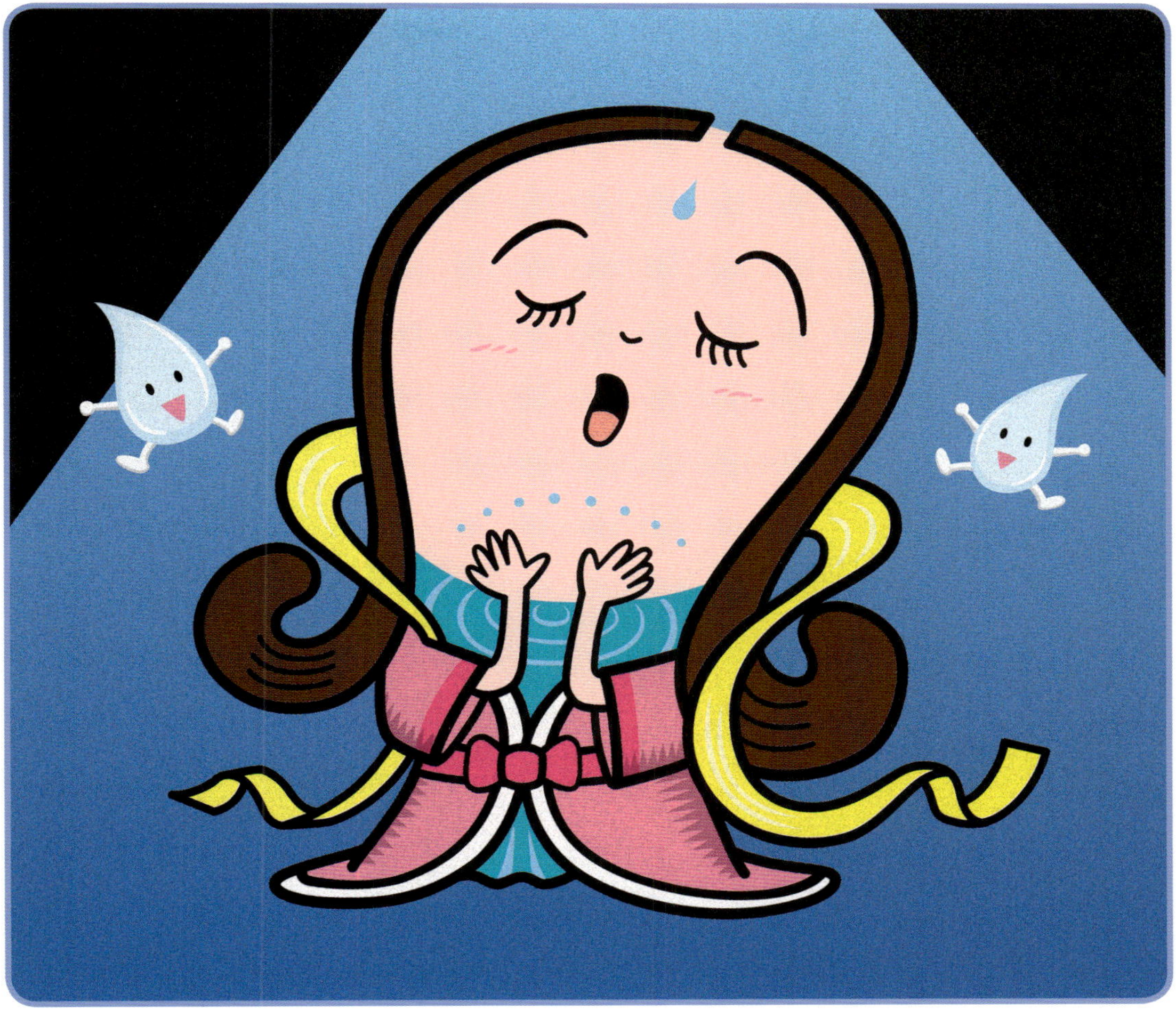

3章《しょう》

道《どう》具《ぐ》

道具《どうぐ》は、国《くに》によって材質《ざいしつ》も形《かたち》も使《つか》い方《かた》も変《か》わります。その国《くに》の文化《ぶんか》や考《かんが》え方《かた》、生活環境《せいかつかんきょう》などと密接《みっせつ》に関《かか》わっていますからね。また、おなじ国《くに》でも、時代《じだい》の変化《へんか》や人《ひと》びとの関心《かんしん》とともに姿《すがた》を変《か》えていく存在《そんざい》でもあります。さまざまな道《どう》具《ぐ》がこの世《よ》にあふれかえる中《なか》、わたしたちの祖先《そせん》は、モノにも命《いのち》が宿《やど》ると考《かんが》え、どんな道具《どうぐ》でも粗末《そまつ》にしたりほったらかしにしてはいけないと、いい伝《つた》えてきました。ここに登場《とうじょう》するメンバーは、とくに日本人《にほんじん》に親《した》しまれてきた道具《どうぐ》たちで、彼《かれ》らのほうから「ぜひ出《しゅつ》演《えん》したい」と申《もう》し出《で》のあった者《もの》たちばかりです。

シルエットクイズ3 わたしはだれ？（答《こた》えは94、95ページ）

③

見《み》かけは真《ま》っ黒《くろ》、
燃《も》えれば真《ま》っ赤《か》

①

お湯《ゆ》を入《い》れたら、
タオルでくるんで

④

くるくる回《まわ》すと、
粘土《ねんど》がつるっつる

②

かーんかーんと、羽根《はね》をついて

箸《はし》

長《なが》～いおつきあいなんです！

和食《わしょく》が並《なら》んだときは、ナイフやフォークじゃなくて、「お箸《はし》を一膳《いちぜん》ちょうだい」ってぼくが呼《よ》ばれるんだ。生《う》まれて100日《にち》を迎《むか》えたころの「お食《く》い初《ぞ》め」のお祝《いわ》いが、その人《ひと》との初《はじ》めての出会《であ》いさ。一生《いっしょう》食《た》べものに困《こま》らないようにって、ぼくが赤《あか》ちゃんの口《くち》に食《た》べものを運《はこ》んでいくんだ。まだ小《ちい》さすぎるから、まねっこだけどね。ほんとに長《なが》いつきあいになるよねえ。亡《な》くなった人《ひと》とのさいごのさいごのお別《わか》れで、生《い》きている人《ひと》たちがお骨《こつ》をひろうのを助《たす》けるのだって、ぼくなんだから。

だから、ぼくのことをじょうずに使《つか》えるようになってほしいんだ。杉《すぎ》、檜《ひのき》、松《まつ》、竹《たけ》、プラスチック。いろんな材質《ざいしつ》、形《かたち》、太《ふと》さ、長《なが》さ、重《おも》さの仲間《なかま》がいるよ。おめでたい席《せき》では、両端《りょうはし》が細《ほそ》いものや、神社《じんじゃ》の屋根飾《やねかざ》りを象《かたど》ったお箸《はし》で、神《かみ》さまとお食事《しょくじ》をともにする考《かんが》え方《かた》もあるんだって。

気をつけたい「嫌《きら》い箸《ばし》（忌《い》み箸《ばし》）」

・箸《はし》についたものをなめる「ねぶり箸《ばし》」、箸《はし》と箸《はし》で食《た》べものをやりとりする「箸渡《はしわた》し」、箸《はし》をつけたのに食《た》べずに箸《はし》を引《ひ》く「そら箸《ばし》」、にぎりしめる「にぎり箸《ばし》」、料理《りょうり》の上《うえ》で迷《まよ》って箸《はし》を動《うご》かす「迷《まよ》い箸《ばし》」、箸《はし》で人《ひと》をさす「指《さ》し箸《ばし》」など。

体《からだ》の寸法《すんぼう》と道具《どうぐ》の寸法《すんぽう》は関係《かんけい》が深《ふか》い

・親指《おやゆび》と人《ひと》さし指《ゆび》を直角《ちょっかく》に開《ひら》いたときの、両方《りょうほう》の指先《ゆびさき》を結《むす》んだ長《なが》さを「1咫《ひとあた》」といい、その1・5倍《ばい》の長《なが》さのお箸《はし》が使《つか》いやすいとされている。1咫《ひとあた》は身長《しんちょう》の約《やく》10分《ぶん》の1の長《なが》さ。身長《しんちょう》140センチの子《こ》どもの場合《ばあい》、140×0・1×1・5で、21センチのものがおすすめ。

箸《はし》

湯《ゆ》たんぽ

ぬくもりをおとどけします

あなたは使《つか》い捨《す》てカイロさん派《は》？　それともあたい愛用派《あいようは》？

カイロさんって、ポイ捨《す》てされちゃうけど、どこにでも行《い》けていいわよねえ。ちょっぴりうらやましいときもあるけど、あたいは、お布団《ふとん》の中《なか》で人《ひと》を温《あたた》めるのが、だいの、だいの、だ～いすきちゃんなので～す。

あたいってさ、チョー省《しょう》エネだと思《おも》わない？　やかんでお湯《ゆ》をわかすための数分間《すうふんかん》、電気《でんき》やガスを使《つか》うだけだもの。このごろはね、足《あし》だけを温《あたた》める仲間《なかま》も出《で》てきたわ。

あとは、使《つか》ってくれるあなたが火傷《やけど》をしないように、服《ふく》を着《き》せてくれればノープロブレム。朝《あさ》になればぬるくなるから、あたいからお湯《ゆ》を取《と》り出《だ》して、それで顔《かお》も洗《あら》えるのよ。

でもね、くれぐれもご注意《ちゅうい》！　寝《ね》ながらあたいの服《ふく》をぬがさないこと。はだかになったあたいは、そりゃあ危険物《きけんぶつ》になっちゃうんだからね。

♠いまも進化中《しんかちゅう》です

・金属《きんぞく》、陶器《とうき》、ゴム、シリコン、プラスチックなどさまざまな材質《ざいしつ》が使《つか》われているほか、大《おお》きさや形《かたち》もいろいろある。体《からだ》の温《あたた》めたい部分《ぶぶん》や使用時間《しようじかん》の長《なが》さをイメージして選《えら》べるほど、いまも数多《かずおお》くの製品《せいひん》が生《う》まれている。

♠将軍《しょうぐん》も使《つか》っていた！

・栃木県日光市《とちぎけんにっこうし》の輪王寺《りんのうじ》には、江戸幕府五代将軍《えどばくふごだいしょうぐん》・徳川綱吉《とくがわつなよし》が使《つか》っていたとされる犬型《いぬがた》の湯《ゆ》たんぽがある。

湯《ゆ》たんぽ

羽子板《はごいた》

昔遊《むかしあそ》びで、がんばってまーす

羽根《はね》つきって、600年《ねん》も前《まえ》から続《つづ》いてきた遊《あそ》びなの。とんと出番《でばん》がなくなってしまったのは、いつごろからでしょう。以前《いぜん》はお正月《しょうがつ》に活躍《かつやく》してたのに、最近《さいきん》はひまでひまで、あくびばかりしてるわ。

羽根《はね》つきは、おまじないでもあったの。ムクロジの種《たね》に穴《あな》をあけて、そこに鳥《とり》の羽《はね》をさした羽根《はね》は、トンボの形《かたち》に似《に》ているでしょ。トンボは、病気《びょうき》をもってくる蚊《か》を食《た》べるじゃない。だから、子《こ》どもが蚊《か》にさされないためのお守《まも》りの役目《やくめ》をもってたってわけ。

いまも、暮《く》れになると歳《とし》の納《おさ》めに〝羽子板市《はごいたいち》〟が開《ひら》かれているわ。女《おんな》の子《こ》が生《う》まれたお祝《いわ》いや、縁起物《えんぎもの》として買《か》いにきてくれるんですから、いなくなるわけにはいきません。

このごろ、かるたや双六《すごろく》、こままわしなどの〝昔遊《むかしあそ》び〟が流行《はや》ってるでしょ。あたしたちも復活《ふっかつ》！　さあ、歌《うた》いながら羽根《はね》つきしましょうよ。

♪ひとりきな　ふたりきな　さんにんきたら　よってきな　いつきてみても
ななこの帯《おび》を　やたらにしめて　ここのまえで　とおよ

遊《あそ》び方《かた》を知《し》ってますか?

・羽根《はね》つきの遊《あそ》び方《かた》には、ふたりで突《つ》きあう〝追羽根《おいばね》〟と、ひとりで突《つ》く〝揚《あ》げ羽根《ばね》〟がある。

・羽根《はね》つき大会《たいかい》をしているところもあり、羽子板《はごいた》の特産地《とくさんち》、埼玉県春日部市《さいたまけんかすかべし》の市民活動《しみんかつどう》センターでは、大会記録保持者《たいかいきろくほじしゃ》が模範演技《もはんえんぎ》で6553回《かい》もついた記録《きろく》がある。

羽子板《はごいた》

風呂敷《ふろしき》

かっこいいエコグッズ

わたしは、正方形《せいほうけい》の1枚《まい》の布《ぬの》。でも、ただの布《ぬの》きれじゃありません。ご先祖《せんぞ》は、遠《とお》い昔《むかし》に、由緒《ゆいしょ》あるお寺《てら》の宝物《たからもの》を包《つつ》んでいたと伝《つた》えられているのよ。これ、自慢《じまん》。

変幻自在《へんげんじざい》に形《かたち》を変《か》えられるから、とっても便利《べんり》なの。江戸時代《えどじだい》、銭湯《せんとう》に行《い》った人《ひと》たちが着物《きもの》などを包《つつ》むのに使《つか》ったんだって。それで「風呂敷《ふろしき》」という名前《なまえ》がついたわけ。

ふだんはただの布《ぬの》なんだけど、お酒《さけ》だってスイカだって、なんでも包《つつ》めるのよ。ちゃんと、傷《きず》つけないように、ものによってふさわしい包《つつ》み方《かた》ができるんだから。お菓子箱《かしばこ》だって、わたしが包《つつ》んであげると見栄《みば》えがするでしょ。

昔《むかし》の子《こ》どもはね、わたしを首《くび》に巻《ま》いて、映画《えいが》やマンガのヒーローに変身《へんしん》して遊《あそ》んだものよ。

どこに行《い》くときでも、どうぞわたしを連《つ》れていってちょうだいな。役《やく》に立《た》つわよ。

買《か》い物《もの》でも、レジ袋《ぶくろ》なんかもらわないで、わたしを使《つか》えばいいのよ。なにしろ変幻自在《へんげんじざい》なんだから、エコバッグに変身《へんしん》!

慣用句《かんようく》

・「大風呂敷《おおぶろしき》を広《ひろ》げる」 ほらをふいたり大《おお》げさなことをいったりすること。
・「風呂敷《ふろしき》をたたむ」 ものごとや話《はなし》が、終《お》わりにむかって落《お》ちついていくこと。

風呂敷
ふろしき

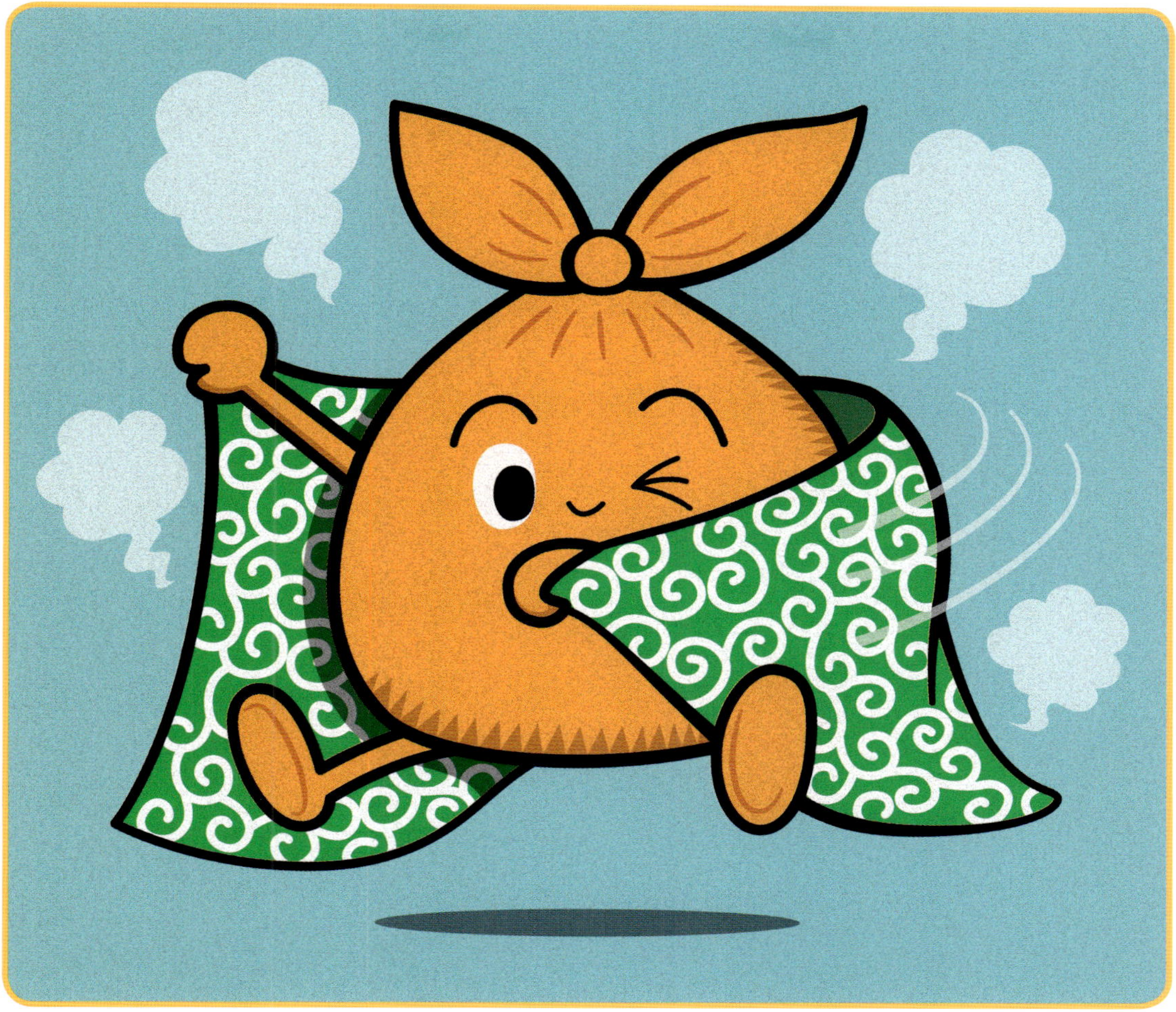

備長炭《びんちょうたん》

たたくと、ええ音《おと》がするのだ

高温《こうおん》の窯《かま》から出《で》てすぐは、「消粉《けしこ》」ちゅう灰《はい》をおしろいのようにかけられて、おいらは色白《いろじろ》のイケメンさ。火持《ひも》ちがよく、ウナギや焼《や》き鳥《とり》を焼《や》くのに大活躍《だいかつやく》。じわじわーっと時間《じかん》をかけて燃《も》えていく、マラソンタイプよね。もう少《すこ》し低温生《ていおんう》まれの黒炭《くろずみ》どんは、燃《も》えるとなりゃ一気《いっき》に強《つよ》く、燃《も》えつきる。顕微鏡《けんびきょう》で見《み》てもらうとわかるけど、おいらは体中《からだじゅう》が穴《あな》だらけ。この穴《あな》に匂《にお》いや汚《よご》れの素《もと》を閉《と》じこめるから、冷蔵庫《れいぞうこ》や靴《くつ》の変《へん》な臭《にお》いもとるし、水《みず》もきれいにする。湯船《ゆぶね》で働《はたら》けば、遠赤外線効果《えんせきがいせんこうか》で体《からだ》も芯《しん》からぽかぽかさ。くだいて田畑《たはた》にまけば土《つち》を元気《げんき》にするから、作物《さくもつ》だってよろこんで成長《せいちょう》してくれるんよ。

そんなおいらはすごく硬《かた》い。たたくと澄《す》んだ金属音《きんぞくおん》がするから、木琴《もっきん》のようにしたり、風鈴《ふうりん》にしてカランコロンチリンと、涼《すず》しい音《おと》も楽《たの》しんでくれ。

備長炭《びんちょうたん》の起《お》こり

・清少納言《せいしょうなごん》が『枕草子《まくらのそうし》』で書《か》いているように、平安時代《へいあんじだい》にはすでに炭《すみ》が使《つか》われていた。江戸時代《えどじだい》、廻船問屋《かいせんどいや》の備中屋長左衛門《びっちゅうやちょうざえもん》が扱《あつか》った白炭《しろずみ》の商標《しょうひょう》が「備長炭《びんちょうたん》」の由来《ゆらい》というのが通説《つうせつ》。紀州《きしゅう》（和歌山《わかやま》）、土佐《とさ》（高知《こうち》）などの産地《さんち》がある。

木《き》の伐採《ばっさい》タイミング

・原木《げんぼく》のウバメガシは、幹《みき》が何本《なんぼん》にも枝分《えだわ》かれして曲《ま》がりくねっており、残《のこ》す幹《みき》を判断《はんだん》しながら伐採《ばっさい》する。本来《ほんらい》は、秋《あき》から冬《ふゆ》にかけて木《き》があまり地中《ちちゅう》の水分《すいぶん》を吸《す》い上《あ》げなくなったころ、また、月《つき》の満《み》ち欠《か》けや潮《しお》の満《み》ち引《ひ》きを見《み》て水分移動《すいぶんいどう》が静《しず》まるときに伐採《ばっさい》してつくるのが最適《さいてき》。1000度《ど》の高温《こうおん》でつくる備長炭《びんちょうたん》の場合《ばあい》、水分《すいぶん》の多《おお》いものや老木《ろうぼく》では、木《き》のカルシウム分《ぶん》などが内部《ないぶ》に閉《と》じこめられ、使用時《しようじ》に爆発《ばくはつ》してしまう恐《おそ》れがある。林《はやし》の手入《てい》れが大事《だいじ》な課題《かだい》。

備長炭
びんちょうたん

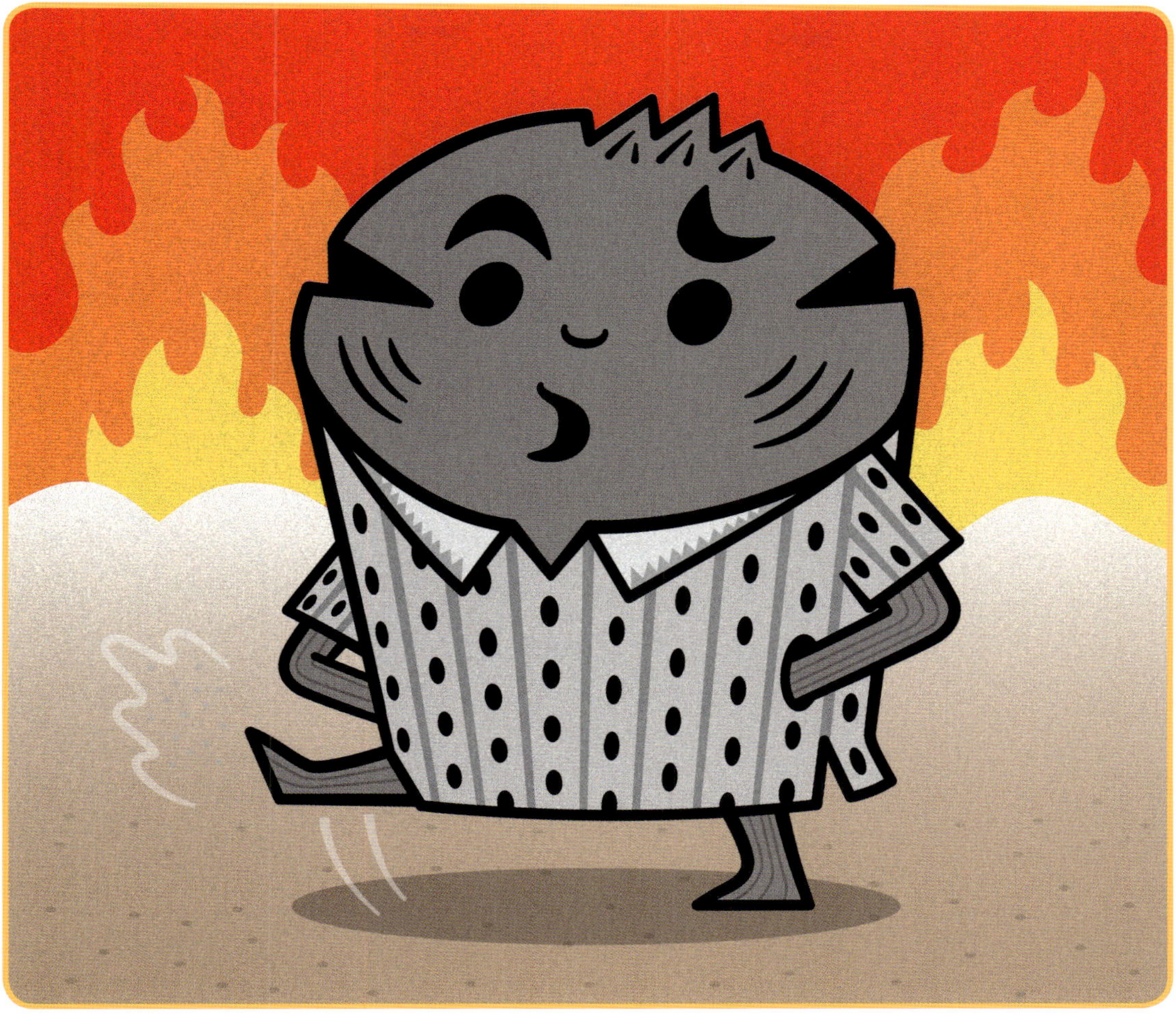

千枚通《せんまいどお》し

ほんとは1000枚《まい》も通《とお》せませんけどね

太《ふと》い針《はり》の切《き》っ先《さき》を、重《かさ》ねた紙《かみ》たばにキリキリキリと突《つ》きさすのが得意《とくい》なの。

えっ、わたしを見《み》たことがないですって？

かつては、わたしが開《あ》けてあげた小《ちい》さな穴《あな》に、こより紐《ひも》や綴《と》じ紐《ひも》を通《とお》して紙《かみ》をまとめていたものよ。とくに、原稿用紙《げんこうようし》を使《つか》う作家《さっか》さんたちにとっては、必《ひつ》需品《じゅひん》。

だから、自分《じぶん》は文房具《ぶんぼうぐ》だとばかり思《おも》っていたら、それだけじゃなかったのよ。

たこ焼《や》きって知《し》っているでしょ。焼《や》くときに鉄板《てっぱん》の上《うえ》で生地《きじ》をくるっと回《まわ》すのが、わたしなの。「たこ焼《や》き返《がえ》し」っていうのよ。

ほかにも、料理《りょうり》の下《した》ごしらえをしたり、自転車《じてんしゃ》のパンク修理《しゅうり》をしたり、植《うえ》木鉢《きばち》の草《くさ》や木《き》をぬいたときに土《つち》を落《お》としたり、いまでも役《やく》に立《た》っているんです。

でも、先《さき》が鋭《するど》くとがっていますから、時《とき》と場合《ばあい》によっては凶器《きょうき》にもなってしまいますわ。ご用心《ようじん》！

わたしに罪《つみ》をおかさせないように、くれぐれもお願《ねが》いしますね。

昔《むかし》からの穴明《あなあ》け道具《どうぐ》

・大工道具《だいくどうぐ》の錐《きり》に似《に》ていて「目打《めう》ち」ともいわれる。中国茶《ちゅうごくちゃ》のプーアル茶《ちゃ》は、保存性《ほぞんせい》や輸送《ゆそう》の観点《かんてん》から、堅《かた》く圧縮《あっしゅく》されているものがある。表面《ひょうめん》をはがすような角度《かくど》で千枚通《せんまいどお》しをさしいれると、茶葉《ちゃば》を傷《いた》めずに必要《ひつよう》な量《りょう》を崩《くず》すことができる。

千枚通し
せんまいどお

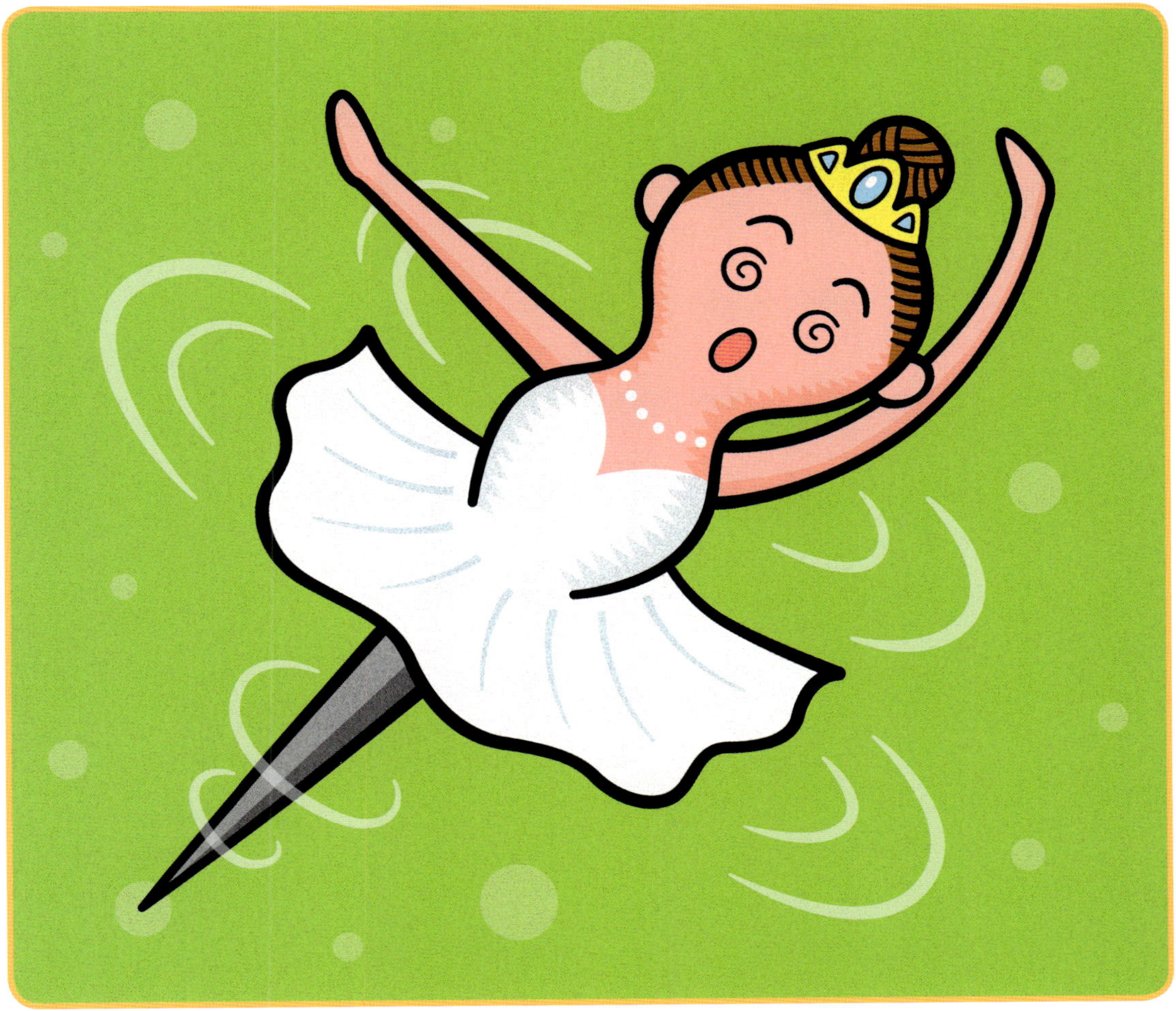

ロクロ

粘土《ねんど》は芸術《げいじゅつ》なのです

わたし、ロクロ保育園《ほいくえん》手回《てまわ》し組《ぐみ》の先生《せんせい》です。まだ年少組《ねんしょうぐみ》の粘土《ねんど》ちゃんたちも、大人《おとな》になればお化粧《けしょう》したり、きれいな服《ふく》を着《き》たりするのでしょうね。どんな大人《おとな》になるのか、とても楽《たの》しみだわ。

小《ちい》さい粘土《ねんど》ちゃんが成長《せいちょう》していけるのは、わたしが働《はたら》くからなのよ。くるくる回《まわ》ると、まるい筒《つつ》ができます。それを陶工《とうこう》さんが、将来《しょうらい》の姿《すがた》をイメージしながら育《そだ》てるの。とっても真剣《しんけん》にね。力《ちから》を入《い》れすぎたら、粘土《ねんど》ちゃんは、あっというまに壊《こわ》れてしまうでしょ。だから、祈《いの》りをこめて、茶碗《ちゃわん》になれ、花瓶《かびん》になれ、壺《つぼ》になれって、やさしく心《こころ》で語《かた》りかけるのよ。

このごろは、保育園《ほいくえん》に電動《でんどう》ロクロ組《ぐみ》もできて便利《べんり》になったわ。でも、粘土《ねんど》ちゃんを味《あじ》わい深《ぶか》く個性的《こせいてき》なオンリーワンに育《そだ》てるには手回《てまわ》し組《ぐみ》のほうがいいと、わたしは思《おも》うんだけどね。

茶碗《ちゃわん》や花瓶《かびん》や壺《つぼ》の形《かたち》になった粘土《ねんど》ちゃんは、保育園《ほいくえん》を卒園《そつえん》していく。そのあとはいろんな経験《けいけん》をして大人《おとな》になるのだけど、もうわたしは見《み》ることができないわ。粘土《ねんど》ちゃんたちは次々《つぎつぎ》に入園《にゅうえん》してくるから、なかなかお休《やす》みももらえないの。

ロクロを使《つか》う人《ひと》たち

・陶磁器《とうじき》以外《いがい》の、木工品《もっこうひん》のお椀《わん》やお盆《ぼん》、こけしなどをつくる職人《しょくにん》を木地師《きじし》という。

・手引《てび》きロクロは、材料《ざいりょう》の木《き》をセットし、ひとりがロクロをひもなどの動力《どうりょく》で高速回転《こうそくかいてん》させている間《あいだ》に、もうひとりが鉋《かんな》という刃物《はもの》を木《き》にあてて形《かたち》を整《ととの》えていく。

ロクロ

針《はり》・針《はり》供《く》養《よう》

ありがとうの気持《きも》ちなんです

折《お》れて働《はたら》けなくなった縫《ぬ》い針《ばり》さん、ほんとにお疲《つか》れさま。あの世《よ》への旅立《たびだ》ちまで、曲《ま》がったりサビたりした仲間《なかま》たちと、小箱《こばこ》でお休《やす》みくださいな。あなたが一生懸命《いっしょうけんめい》に働《はたら》いてくれたから、すてきな服《ふく》ができました。よそいきの着物《きもの》なんかは、ひと針《はり》ひと針《はり》ていねいに手縫《てぬ》いしてくれたわよね。そりゃあ、働《はたら》きすぎてポキンと悲鳴《ひめい》をあげて、動《うご》けなくなっちゃうのも、無理《むり》ないと思《おも》うわ。

だからこそ「事八日《ことようか》」は、あたしの出番《でばん》。最期《さいご》くらい、やわらかいあたしたちの刺《さ》し心地《ごこち》を味《あじ》わってから、成仏《じょうぶつ》してもらいたいじゃない。「1年間働《ねんかんはたら》いてくれて、ありがとう」と、心《こころ》をこめて供養《くよう》しますわ。

あたしたちみたいな「モノ」にも命《いのち》があるという考《かんが》え方《かた》を長《なが》い間《あいだ》もちつづけてきた、日本人《にほんじん》らしいわね。役《やく》に立《た》たなくなったからといって、燃《も》えないゴミに出《だ》してしまわないのは、すばらしいことだわ。

感謝《かんしゃ》の日《ひ》

・2月《がつ》8日《ようか》は「事始《ことはじ》め」、12月《がつ》8日《ようか》は「事納《ことおさ》め」といって、これを総称《そうしょう》して「事八日《ことようか》」という。1年間《ねんかん》お世話《せわ》になった道具《どうぐ》を片《かた》づけ、供養《くよう》する風習《ふうしゅう》。代表的《だいひょうてき》なのが「針供養《はりくよう》」。この日《ひ》は針仕事《はりしごと》を休《やす》み、用《よう》のすんだ針《はり》を豆腐《とうふ》やこんにゃく、餅《もち》などに刺《さ》して、川《かわ》へ流《なが》したり、社寺《しゃじ》で供養《くよう》してもらう。

俳句《はいく》の季語《きご》として

・「春《はる》の戸《と》を出《で》て夕《ゆう》まぐれ針供養《はりくよう》」高浜虚子《たかはまきょし》

針《はり》・針供養《はりくよう》

クジラ尺《じゃく》

和服《わふく》づくりには手《て》を貸《か》すぜ

昔《むかし》は、ものさしの目盛《めもり》にはいろんな種類があってな、大工《だいく》さんは「曲尺《かねじゃく》」を、着物《きもの》づくりなんかで布地《ぬのじ》をはかる人《ひと》はおいら「クジラ尺《じゃく》」や、別《べつ》の「呉服尺《ごふくじゃく》」を使《つか》う人《ひと》もいた。それぞれ、ひと目盛《めもり》の長《なが》さが違《ちが》うんだから、ややこしいだろ? でも、それぞれの仕事《しごと》に合《あ》わせて使《つか》う分《ぶん》には、うまくいってたのさ。

それが、あるときメートルさんってのが入《はい》ってくることになって、おいらたちはお役御免《やくごめん》だ。おいらをかわいがってくれてた人《ひと》たちも困《こま》ったさ。いきなり感覚《かんかく》のちがう測《はか》り方《かた》をしろっていわれてもなあ……。まぁ、変《か》えないほうが仕事《しごと》がはかどったんだろうよ、ほどなくおいらも息《いき》を吹《ふ》きかえしたってわけだ。

和裁以外《わさいいがい》で「尺《しゃく》」っていったら、曲尺《かねじゃく》さんの目盛《めもり》の長《なが》さを使《つか》うのが多《おお》いな。その場合《ばあい》、1寸《すん》は約《やく》3センチ、1尺《しゃく》は約《やく》30センチだ。日本料理《にほんりょうり》の板前《いたまえ》さんが「八寸《はっすん》に盛《も》りつけろ」といえば、直径《ちょっけい》24センチの器《うつわ》をさす。洋菓子屋《ようがしや》さんで「5号《ごう》サイズのケーキ」といえば、直径《ちょっけい》が5寸《すん》の丸型《まるがた》か、5寸角《すんかく》の角型《かくがた》ケーキのことだ。

先祖《せんぞ》はクジラのヒゲ板生《いたう》まれ

・もとはクジラのヒゲ板《いた》という弾力《だんりょく》のある部分《ぶぶん》からつくられた。それが名前《なまえ》の由来《ゆらい》。

尺《しゃく》が長《なが》さ、貫《かん》が重《おも》さを表《あらわ》す「尺貫法《しゃっかんほう》」

・メートル条約加入後《じょうやくかにゅうご》も併用《へいよう》された尺貫法《しゃっかんほう》は、1958(昭和《しょうわ》33)年《ねん》に完全《かんぜん》にメートル法《ほう》に移行《いこう》。尺相当《しゃくそうとう》のものさしは、1977(昭和《しょうわ》52)年《ねん》10月《がつ》から再《ふたた》び製造《せいぞう》が認《みと》められた。

ことわざ

・「三尺下《さんじゃくさ》がって師《し》の影《かげ》を踏《ふ》まず」「三寸《さんずん》の舌《した》に五尺《ごしゃく》の身《み》を亡《ほろ》ぼす」

クジラ尺《じゃく》

赤《あか》ちゃん土偶《どぐう》

ひとりだけんど、祈《いの》ってくれる人《ひと》がいればさみしくねぇ

おらは、粘土《ねんど》でつくられた人形《にんぎょう》だじゃ。おくるみにくるまってて、めんごいべ。「赤《あか》ちゃん土偶《どぐう》」って呼《よ》ばれているのは、この広《ひろ》い世界《せかい》でおらだけだ。土器《どき》や石器《せっき》といっしょにみつかったときは、土《つち》のかたまりにしか見《み》えなかったんだって。でも、「赤《あか》ちゃんだ！」って歓声《かんせい》をあげてくれた人《ひと》たちがいたから、名前《なまえ》がついたんだよ。

おらには親《しん》せきがいっぱいいるけど、大人《おとな》のおなごばかりだ。顔《かお》がなかったり、体《からだ》のどこかしらが欠《か》けていなさる。なじょしてか、親《しん》せきのばさまに聞《き》いてみたことがあんだ。ばさまは、教《おし》えてくれた。

「われらは、人《ひと》の願《ねが》いや祈《いの》りをかなえるためにつくられた道具《どうぐ》なのじゃ。だれかが足《あし》をけがしたら、片足《かたあし》だけのおらがつくられる」

わかった！　目《め》に見《み》えない人《ひと》の心《こころ》を形《かたち》にしたのが、おらたちなんだね。おらがいたころは、生《う》まれてきた赤《あか》んぼうが、病気《びょうき》やけがで死《し》んじまうことが多《おお》かった。だから、死《し》んじまった子《こ》のおとうやおかあの哀《かな》しみやら、元気《げんき》に育《そだ》ってくれっていう祈《いの》りがこめられてるんだじゃ。

おら、いまはひとりだけんど、きっと、どこかにまだ仲間《なかま》がいるにちがいねえ。会《あ》いたいなあ！

発見《はっけん》！　はじめての赤《あか》ちゃん土偶《どぐう》

・1998（平成《へいせい》10）年《ねん》に、青森県三戸町《あおもりけんさんのへまち》の沖中遺跡《おきなかいせき》でみつかった。縦《たて》7センチ・横《よこ》4センチの小《ちい》さな土偶《どぐう》。

赤《あか》ちゃん土偶《どぐう》

4章《しょう》

美《び》意《い》識《しき》

日本人《にほんじん》は、昔《むかし》から自然《しぜん》の存在《そんざい》の中《なか》に美《び》を感《かん》じてきました。風流《ふうりゅう》なことや美《うつく》しい風景《ふうけい》を「花鳥風月《かちょうふうげつ》」と表現《ひょうげん》したり、四季折々《しきおりおり》の代表的《だいひょうてき》な眺《なが》めを「雪月花《せつげっか》」といったりなど、独特《どくとく》のことばを生《う》み出《だ》しています。俳句《はいく》の季語《きご》では、山《やま》を表《あらわ》すにも、春《はる》は「山笑《やまわら》う」、夏《なつ》は「山滴《やましたた》る」、秋《あき》は「山粧《よそお》う」、冬《ふゆ》は「山眠《やまねむ》る」と、みごとなことばがあります。

心《こころ》で感《かん》じた美《び》を、想像力《そうぞうりょく》を生《い》かして芸能《げいのう》や文学《ぶんがく》で表現《ひょうげん》しているのです。日常《にちじょう》の暮《く》らしの中《なか》にも生《い》かされている美意識《びいしき》は、日本人《にほんじん》の国民性《こくみんせい》そのものであるともいえるでしょう。

シルエットクイズ4 わたしはだれ？（答《こた》えは94、95ページ）

③

歯《は》は真《ま》っ黒《くろ》に、染《そ》めなきゃね

①

おみそ汁《しる》の味《あじ》の決《き》め手《て》は？

④

しみじみと心《こころ》に響《ひび》き続《つづ》けるもの

②

そこは白《しろ》いままで、余《あま》らせるのです

桜《さくら》

こんなにも好《す》かれて、どうしましょう?

わたし、特別《とくべつ》の存在《そんざい》でございます。なにしろ、国《くに》を代表《だいひょう》する花《はな》ともいえるのですから。

2月《がつ》の終《お》わりともなると〝春一番《はるいちばん》〟が吹《ふ》き荒《あ》れるでしょ。すると、テレビの天気予報《てんきよほう》が〝桜《さくら》の開花予想《かいかよそう》〟〝桜前線《さくらぜんせん》〟と、うきうき浮《う》かれながら春《はる》の訪《おとず》れを知《し》らせるのでございます。

わたしはというと、冬《ふゆ》の寒《さむ》さに耐《た》えぬいて、ただ時季《じき》がくると咲《さ》くだけなのに……。人間《にんげん》たちのさわぎようって、そりゃあもうおどろき!

花《はな》が咲《さ》きはじめると、日本中《にほんじゅう》の人《ひと》が〝お花見《はなみ》〟と称《しょう》して宴会《えんかい》をします。花《はな》ざかりには、子《こ》どもたちの入学式《にゅうがくしき》があります。みんな、わたしのプレゼントなのでございます。

でもね、せいぜい10日《か》ほどの命《いのち》しかありません。いくら咲《さ》きほこっていても雨《あめ》が降《ふ》ったり、強《つよ》い風《かぜ》が吹《ふ》くと散《ち》ってしまいます。ご期待《きたい》にそえないことも、ままあるんですよ。

一分咲《いちぶざ》き、五分咲《ごぶざ》き、満開《まんかい》、葉桜《はざくら》とそのたびに美《うつく》しく装《よそお》うわたしですから、いにしえから多《おお》くの人《ひと》たちが心《こころ》をゆさぶられてきたのだと思《おも》います。

♠**百円玉《ひゃくえんだま》のデザイン**

・硬貨《こうか》は、額面《がくめん》が記《しる》されている面《めん》を「裏《うら》」、図柄《ずがら》があるほうの面《めん》を「表《おもて》」という。百円硬貨《ひゃくえんこうか》の表《おもて》のデザインは、鳳凰《ほうおう》から稲穂《いなほ》をへて、1967(昭和《しょうわ》42)年《ねん》からは現在《げんざい》の桜《さくら》になっている。

桜《さくら》

和《わ》食《しょく》・だし

めんどうくさがらずに、やってみなせえ

このたび、和食《わしょく》さんが晴《は》れて無形文化遺産《むけいぶんかいさん》となったのは、まことにめでたいことでございます。彩《いろど》りよくきれいに盛《も》られて、見《み》た目《め》よし、味《あじ》もよし。そのうえヘルシーなのが認《みと》められたのでござんすよ。世界中《せかいじゅう》でもてはやされて、鼻高々《はなたかだか》でしょうねえ。

でも、忘《わす》れちゃあいけませんぜ。おまえさまを生《い》かすも殺《ころ》すも、手前次第《てまえしだい》だってことを。

かくいう手前《てまえ》も、かつお節《ぶし》どのや昆布《こんぶ》さんに煮干《にぼ》しくん、シイタケどんたちがいてくれないと、ただの水《みず》なんでございますがね。

和食《わしょく》さんの内容《ないよう》によって、だれが相棒《あいぼう》にふさわしいかよくよく思案《しあん》して、いろいろとブレンドしながら手《て》を貸《か》すんでさあ。

ケチケチしたり、手《て》を抜《ぬ》いたりしますとね、「ダシがきいていない」なんて、ぼろくそにけなされますからねえ。気《き》がぬけませんのさ。

和食《わしょく》の基本《きほん》

・食材《しょくざい》・料理《りょうり》・栄養《えいよう》・もてなしの要素《ようそ》と、「一汁三菜《いちじゅうさんさい》」。

食育運動《しょくいくうんどう》

・京都《きょうと》では、教育委員会《きょういくいいんかい》と老舗《しにせ》の料理店《りょうりてん》がタイアップして、子《こ》どもに料亭《りょうてい》の吸《す》いものを飲《の》ませ、だしのおいしさを教《おし》えている。

和食《わしょく》・だし

余白《よはく》

見《み》えないけれど、なにかがあるのです

あっ、筆《ふで》を持《も》った絵描《えか》きさんが、迫《せま》ってきました。

さっと筆《ふで》をふるって、1本《ぽん》の細《ほそ》い木《き》と数本《すうほん》の枝《えだ》を描《か》きました。枝《えだ》に1羽《わ》の鳥《とり》を描《か》きくわえました。それから、絵描《えか》きさんは、何度《なんど》もうなずいて立《た》ちあがると、満足《まんぞく》げに笑《え》みをうかべ、筆《ふで》をおいてしまいました。ほとんどまっ白《しろ》いままのわたしを、ほったらかしにして。

「えっ、それで終《お》わり？　枝《えだ》ってたくさんあるし、葉《は》っぱだってついているでしょ。残《のこ》りは白《しろ》いままでいいの？　どうして描《か》かないの？」

そう思《おも》うお方《かた》もおられるのでは？　でもよいのです。

わたしをよく見《み》てほしい。ほうら、しんしんと降《ふ》る雪景色《ゆきげしき》が見《み》えてくるでしょう。森《もり》の中《なか》の1本《ぽん》の木《き》が、深《ふか》い霧《きり》の中《なか》からぼんやりと浮《う》かび上《あ》がっているようにも見《み》える。わたしはその霧《きり》かもしれない……。

なにもないように見《み》えるけれど、わたしは語《かた》りつくせないたくさんのドラマをもっているのです。想像《そうぞう》は創造《そうぞう》の母《はは》、そのためにわたしがいるのです。

空間《くうかん》がつくるもの

・芸術《げいじゅつ》や文学《ぶんがく》などさまざまな分野《ぶんや》で使《つか》われる余白《よはく》は、「描《えが》かない部分《ぶぶん》」に意味《いみ》をもたせるのがねらい。西洋《せいよう》の絵画《かいが》である油絵《あぶらえ》は、画面《がめん》に塗《ぬ》り残《のこ》しをつくらないが、水墨画《すいぼくが》や日本画《にほんが》では、紙《かみ》の白《しろ》さを残《のこ》して描《えが》かない部分《ぶぶん》をつくる。

・余白《よはく》は、陶芸《とうげい》や和食《わしょく》の盛《も》りつけにも使《つか》われる。絵本《えほん》や詩集《ししゅう》でも、読《よ》み手《て》のイメージをふくらませるために、白《しろ》い部分《ぶぶん》を多《おお》くとる技法《ぎほう》が使《つか》われる。

余白
　よ　はく

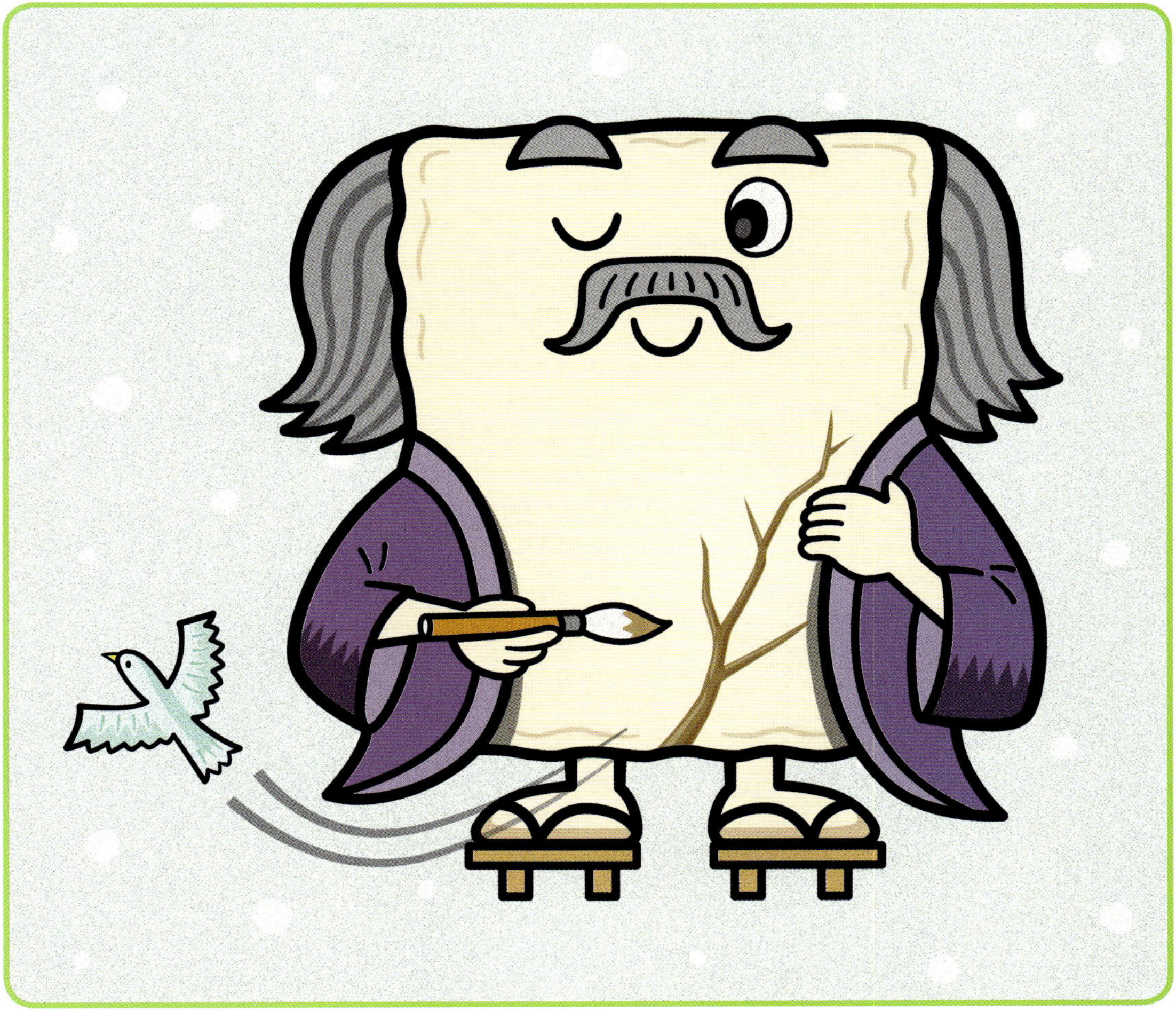

判官《ほうがん》びいき

とてもかわいそうで、泣《な》けてきます

あたしね、権力《けんりょく》に押《お》しつぶされて消《き》えていった、はかない運命《うんめい》の人《ひと》が好《す》きなのよ。

いま思《おも》い出《だ》しても胸《むね》がうずくヒーローは、やっぱり非業《ひごう》の死《し》をとげた義経《よしつね》さまよね。源平合戦《げんぺいがっせん》であれほど活躍《かつやく》したのに、兄《にい》さんの頼朝《よりとも》から追討《ついとう》されてしまう……。そんな兄《にい》さん、もうぜ〜〜ったい許《ゆる》せないわ。

沖田総司《おきたそうじ》さまだってそうよね。頭《あたま》がよくって剣《けん》の名手《めいしゅ》で、才能《さいのう》だってあったのに、志半《こころざしなか》ば、20代《だい》の若《わか》さで結核《けっかく》で死《し》んじゃうんですもの。新撰組《しんせんぐみ》が正義《せいぎ》か悪《あく》かなんてこと、総司《そうじ》さまの死《し》を思《おも》えば、どうでもよくってよ。7月《がつ》19日《にち》の命《めい》日《にち》には、お墓参《はかまい》りをかかさないわ。

野球《やきゅう》だってサッカーだって、相手《あいて》があまりにも強《つよ》すぎるチームだと、つい負《ま》けているほうを応援《おうえん》したくなるじゃない。高校野球《こうこうやきゅう》の甲子園大会《こうしえんたいかい》なんか、あたしみたいな人《ひと》がいっぱいいますよ。それって、日本人《にほんじん》ならではの国民性《こくみんせい》だって思《おも》わない？

◆弱《よわ》い者《もの》や不運《ふうん》の人《ひと》に同情《どうじょう》し、味方《みかた》して応援《おうえん》すること

・「判官《ほうがん》」は役人《やくにん》の仕事《しごと》の地位《ちい》で、源義経《みなもとのよしつね》のことを九郎判官義経《くろうほうがんよしつね》ともいう。源義経《みなもとのよしつね》は兄《あに》の頼朝《よりとも》にねたまれて滅《ほろ》んだのだと、人《ひと》びとが同情《どうじょう》を寄《よ》せたことから生《う》まれたことば。

判官《ほうがん》びいき

借景《しゃっけい》

ダイナミックな借《か》り物《もの》なの

庭《にわ》の外《そと》になにが見《み》えるかしらん。え？　空《あ》き地《ち》の向《む》こうに神社《じんじゃ》の杜《もり》が見《み》えているですって？　それはすばらしい！

せまい庭《にわ》だけど、梅《うめ》の木《き》があって、白《しろ》い花《はな》を咲《さ》かせているですって？　それですよ、それ！

ベランダに座《すわ》って、じっくりとながめてごらんなさい。杜《もり》の樹木《じゅもく》が、まるで自分《じぶん》の家《いえ》の庭《にわ》にあるように見《み》えませんか？　まわりにある自然《しぜん》の景色《けしき》を借《か》りることです。庭《にわ》が広《ひろ》く見《み》えて、ゆったりとした気分《きぶん》になりますから。

比叡山《ひえいざん》をながめられる京都《きょうと》の有名《ゆうめい》なお寺《てら》の庭園《ていえん》は、石《いし》や砂《すな》をおいて川《かわ》に見《み》たてているんですよ。水《みず》はないけれど、比叡山《ひえいざん》から流《なが》れてきた川《かわ》がお寺《てら》にあるように見《み》えるでしょう。

みんな、わたくしがつくりだした風景《ふうけい》なんです。

景色《けしき》を守《まも》りましょう

・京都市《きょうとし》では、2007（平成《へいせい》19）年《ねん》に京都市眺望景観創生条例《きょうとしちょうぼうけいかんそうせいじょうれい》を制定《せいてい》し、借景《しゃっけい》などを保護《ほご》している。

・岡山県《おかやまけん》の後楽園《こうらくえん》は、1992（平成《へいせい》4）年《ねん》に岡山県景観条例《おかやまけんけいかんじょうれい》で「背景保全地区《はいけいほぜんちく》」に指定《してい》された。

借景
しゃっけい

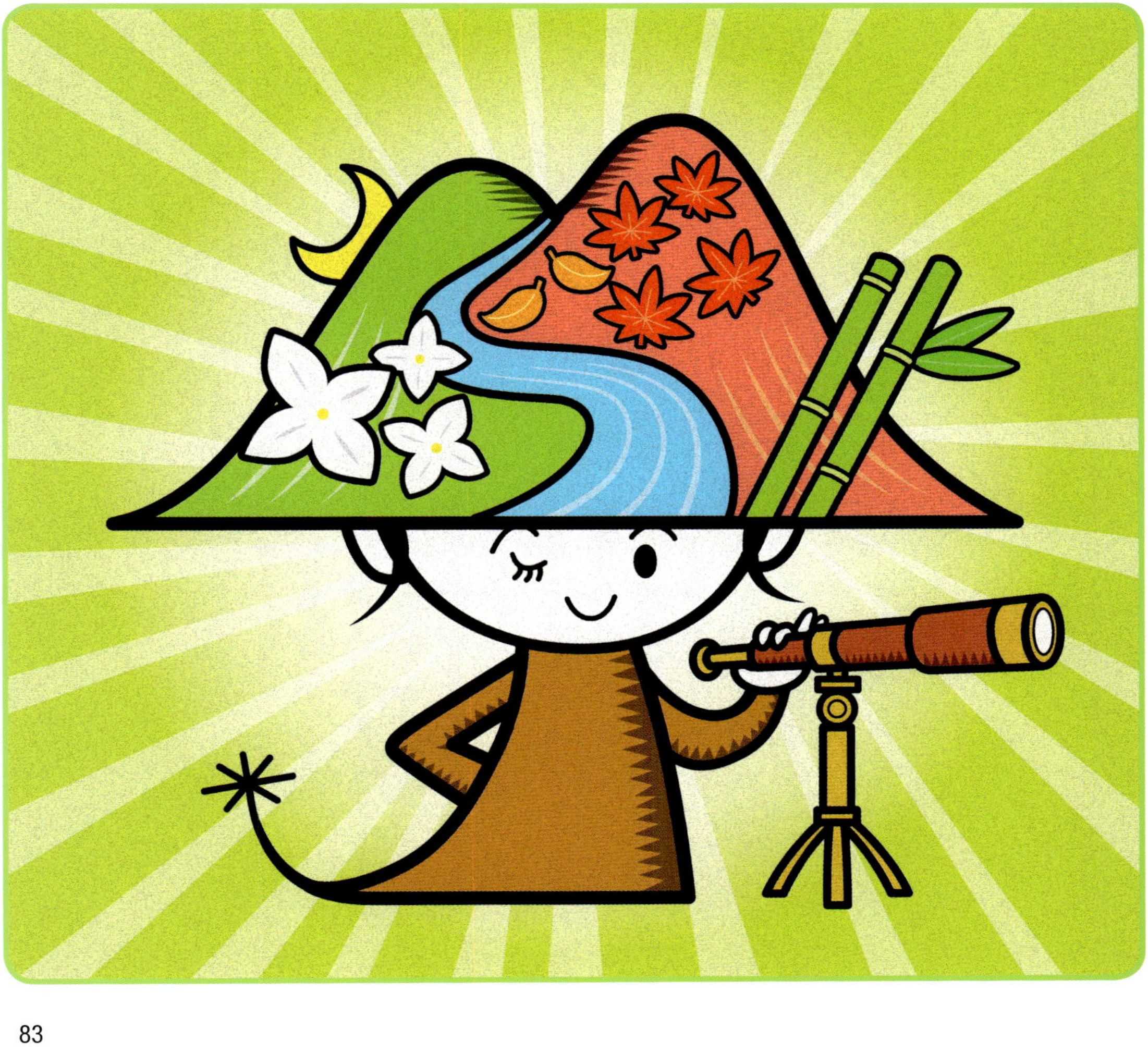

おはぐろ

黒《くろ》より白《しろ》いほうがきれい？

まっ白《しろ》い歯《は》ってすてき！　そんなの、いまはあたりまえよねっ。

でもあたいは、おはぐろさん。「そんなのキモイ！」っていう？　1000年《ねん》以上《いじょう》も前《まえ》から、あたいはいたのよ。聖徳太子《しょうとくたいし》さんも使《つか》ってくれたし、平安《へいあん》時代《じだい》からは、身分《みぶん》の高《たか》い人《ひと》たちは男女《だんじょ》を問《と》わず。江戸時代《えどじだい》になって庶民《しょみん》に広《ひろ》まるころには、結婚《けっこん》した女《おんな》の人《ひと》のお化粧《けしょう》のひとつになっていたわ。

あたいはね、楊枝《ようじ》でていねいに歯垢《しこう》を落《お》としてある歯《は》のほうが、きれいに染《そ》めてあげられるの。虫歯《むしば》にだって、なりにくくなるのよね。

まっ白《しろ》い歯《は》がいいっていわれだしたのは、明治時代《めいじじだい》が始《はじ》まるころ。欧米《おうべい》の国々《くにぐに》とつきあうようになってからみたい。相手《あいて》に不気味《ぶきみ》がられるようじゃ、おつきあいは難《むずか》しいものね。いまはあのころとちがって家《いえ》の中《なか》も街《まち》も明《あか》るいから、もしあたいが歩《ある》いてたりしたら、妖怪《ようかい》みたいだってこわがられるよね、きっと。

お歯黒《はぐろ》って、歯《は》によかったの？

・漆《うるし》のタンニンの成分《せいぶん》を含《ふく》む「ふし粉《こ》」を、酢酸第一鉄《さくさんだいいちてつ》を溶《と》いた「かね水《みず》」に混《ま》ぜる相乗《そうじょう》効果《こうか》で、歯質《ししつ》を強化《きょうか》し、虫歯《むしば》を予防《よぼう》していたといえる。

お歯黒《はぐろ》をやめたのはいつごろ？

・明治《めいじ》に入《はい》り、政府《せいふ》が皇族《こうぞく》・華族《かぞく》に向《む》けてお歯黒《はぐろ》をやめるようすすめたが、女性《じょせい》たちはすぐにやめようとしなかった。1873（明治《めいじ》6）年《ねん》に、皇太后《こうたいごう》、皇后《こうごう》が率先《そっせん》してやめたことで、徐々《じょじょ》に庶民《しょみん》の間《あいだ》でも減《へ》っていくことになった。

・1978（昭和《しょうわ》53）年段階《ねんだんかい》でも、お歯黒《はぐろ》をしている女性《じょせい》が秋田県《あきたけん》にいた。当時《とうじ》93歳《さい》のその人《ひと》の歯《は》の年齢《ねんれい》は、50代《だい》の状態《じょうたい》だったという。

おはぐろ

謙譲《けんじょう》

日本人《にほんじん》の心《こころ》がまえを申《もう》しあげます

人《ひと》と接《せっ》するとき、自分《じぶん》の身《み》を一段下《いちだんさ》がった立場《たちば》に置《お》いて、そこからお話《はな》しするというのが、わたしの信条《しんじょう》。いや、なにも階段《かいだん》をわざわざ一段《いちだん》おりてから話《はな》しますということではなくて、心《こころ》がまえの話《はなし》ですけれどね。

「謙譲《けんじょう》の美徳《びとく》」ということばがありましてね。相手《あいて》の立場《たちば》を尊重《そんちょう》する、自分《じぶん》が出《で》しゃばらない。そういうふるまいが美《うつく》しく、結果的《けっかてき》に場《ば》も和《なご》むということを、みなさん、なにかしら経験《けいけん》しているんじゃないでしょうかねえ。

自分《じぶん》の考《かんが》えをもつ必要《ひつよう》があるのはもちろんですよ。でも、考《かんが》えは人《ひと》それぞれで違《ちが》うことも多《おお》いですからねえ。みんなが最初《さいしょ》から「わたしは、わたしは」と主張《しゅちょう》するよりも、お互《たが》いが相手《あいて》の立場《たちば》を思《おも》いやりながら話《はな》すほうが、実《みの》りのある話《はなし》になるってものですよね。

わたしの「謙《けん》」という字《じ》にも「譲《じょう》」という字《じ》にも「ゆずる」という意味《いみ》があるせいか、わたしを見《み》かけると、なんでもかんでも人《ひと》にゆずるべきだと思《おも》ってしまう人《ひと》もいますが、そうではありませんよ。務《つと》めあげる実力《じつりょく》を蓄《たくわ》えている人《ひと》が、場面《ばめん》に応《おう》じて他人《たにん》にゆずるからこそ、謙譲《けんじょう》なわけです。

どうぞあなたも、すてきな実力《じつりょく》をいろいろ蓄《たくわ》えていってくださいね。

♠**謙譲語《けんじょうご》**

・相手《あいて》に対《たい》して、自分《じぶん》の動作《どうさ》や自分側《じぶんがわ》にあるものについて「謙譲《けんじょう》」の意《い》を表《ひょう》しながら使《つか》うことばの言《い》い回《まわ》し。「はじめてお目《め》にかかります」「お電話《でんわ》をさしあげます」「お変《か》わりなくお過《す》ごしのことと存《ぞん》じます」「つまらないものですが、ごらんください」など。

謙譲
けんじょう

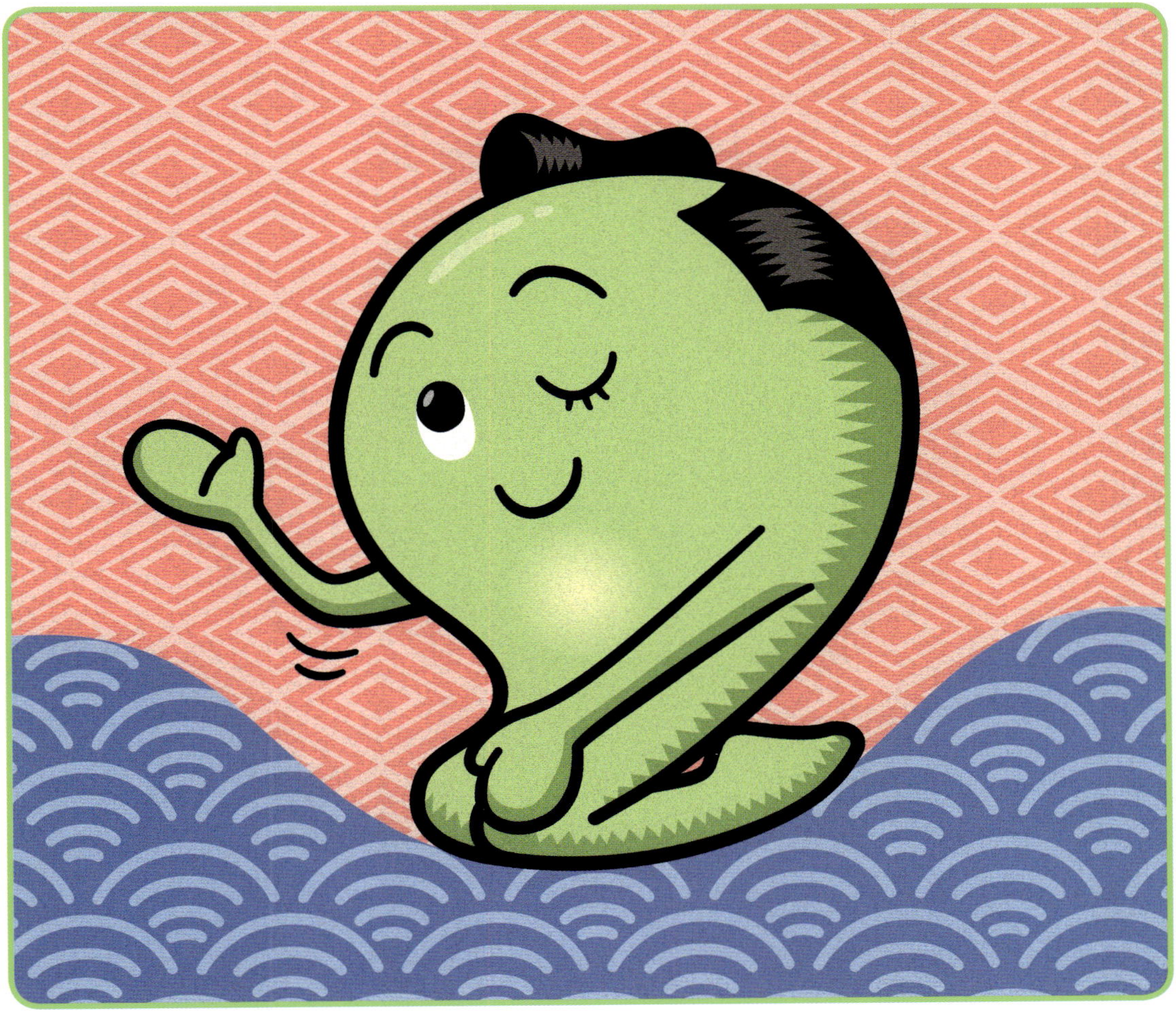

わび・さび

静《しず》かに思《おも》いをめぐらせるのが、心地《ここち》よいのじゃ

どうもいっしょくたにされているようじゃが、「わびさび」ではござらぬ。兄弟《きょうだい》でも、姿《すがた》かたちや性格《せいかく》がちがうじゃろ。わしらもそれとおなじ。どちらが兄《あに》でどちらが弟《おとうと》なんてどうでもよいが、ちがう顔《かお》をもっておるのじゃよ。かくいうわしは、飾《かざ》りたてない、あるがままのものが見《み》せる美《うつく》しさが好《す》きな「わび」と申《もう》す。

「さび」は、俳句《はいく》をたしなむやつでな、古《ふる》びて朽《く》ちていくものを見《み》るにつけ、「この、にじみ出《で》てくる美《うつく》しさがいいのう」というておる。

おたがい、自然《しぜん》のままに思《おも》いをめぐらせて生《い》きているのじゃが、ときにはふたりで茶室《ちゃしつ》に入《はい》り、ゆったりとお茶《ちゃ》を飲《の》む。床《とこ》の間《ま》の1輪《りん》の花《はな》や枝《えだ》をながめながら、吹《ふ》き渡《わた》る風《かぜ》の音《おと》を聞《き》く。よけいなおしゃべりなど、しなくていい。ただ、安《やす》らぎのひと時《とき》を心《こころ》ゆくまで楽《たの》しむのじゃ。

◆日本人《にほんじん》がもっている心《こころ》

・「侘《わ》び」は、もともとは「足《た》りていなくて、もの悲《がな》しい」というような、あまり好《この》ましくない心情《しんじょう》を表《あらわ》すことばだったが、鎌倉時代《かまくらじだい》ごろ、世俗《せぞく》を離《はな》れた清貧《せいひん》な生《い》き方《かた》が積極的《せっきょくてき》に肯定《こうてい》される風潮《ふうちょう》が生《う》まれた。さらに長《なが》い時《とき》をかけて、江戸時代《えどじだい》ごろに、茶《ちゃ》の湯《ゆ》の理念《りねん》にとり入《い》れられるなど、美意識《びいしき》として育《はぐく》まれていった。「寂《さ》び」も、江戸時代《えどじだい》の松尾芭蕉《まつおばしょう》以降《いこう》の俳諧《はいかい》などで、ものが衰《おとろ》えていく寂《さび》しさとしてではなく、その中《なか》に美《び》を見《み》いだすという、それまでとは違《ちが》った美意識《びいしき》の境地《きょうち》へと転換《てんかん》されていった。

わび・さび

余韻《よいん》

ないものを感《かん》じる心《こころ》

「柿食《かきく》えば鐘《かね》が鳴《な》るなり法隆寺《ほうりゅうじ》」（正岡子規《まさおかしき》）
とっても有名《ゆうめい》な俳句《はいく》ですよねえ。ゴ～～ンと鳴《な》る鐘《かね》の音《おと》は、見《み》えないけれど澄《す》みきった空《そら》に響《ひび》きわたって、遠《とお》くにいても聞《き》こえてきます。秋深《あきぶか》い古都《こと》の風景《ふうけい》が目《め》の前《まえ》に広《ひろ》がってくるようでしょ。これを文章《ぶんしょう》にしたら１００字《じ》にはなりますが、たったの17文字《もじ》でもたくさんの隠《かく》されたことばが伝《つた》わってきます。

俳句《はいく》は、世界《せかい》でいちばん短《みじか》い詩《し》だといわれています。よけいなことばをけずり捨《す》てた短《みじか》いことばから、想像《そうぞう》が大《おお》きくふくらんでくるのです。そこにないものを感《かん》じる心《こころ》、そこにない空間《くうかん》を感《かん》じとる、それがわたしです。

「名月《めいげつ》をとってくれろと泣《な》く子《こ》かな」（小林一茶《こばやしいっさ》）
おだやかな夜《よる》のひととき、お月見《つきみ》をしている家族《かぞく》の姿《すがた》が目《め》に浮《う》かぶでしょ。子《こ》どもの泣《な》き声《ごえ》が、耳《みみ》のそばで聞《き》こえませんか？　人《ひと》の心《こころ》や自然《しぜん》のうつろいを描《えが》く俳句《はいく》は、日本人《にほんじん》の心《こころ》だといってもいいでしょう。わたしが大《おお》きな役割《やくわり》をはたしているのですよ。

◆俳句《はいく》の余韻《よいん》って？

・「や」「かな」「けり」などを切《き》れ字《じ》という。「や」は次《つぎ》のことばとの間《あいだ》に、「かな」「けり」は句《く》の最後《さいご》におくことばで、この切《き》れ字《じ》が余韻《よいん》を生《う》む。

◆俳句甲子園《はいくこうしえん》（全国高校俳句選手権大会《ぜんこくこうこうはいくせんしゅけんたいかい》）

・正岡子規《まさおかしき》の故郷《こきょう》である愛媛県松山市《えひめけんまつやまし》では、１９９８（平成《へいせい》10）年《ねん》から毎年《まいとし》8月《がつ》に高校《こうこう》生《せい》を対象《たいしょう》とした俳句《はいく》コンクールを開催《かいさい》している。

余韻
よいん

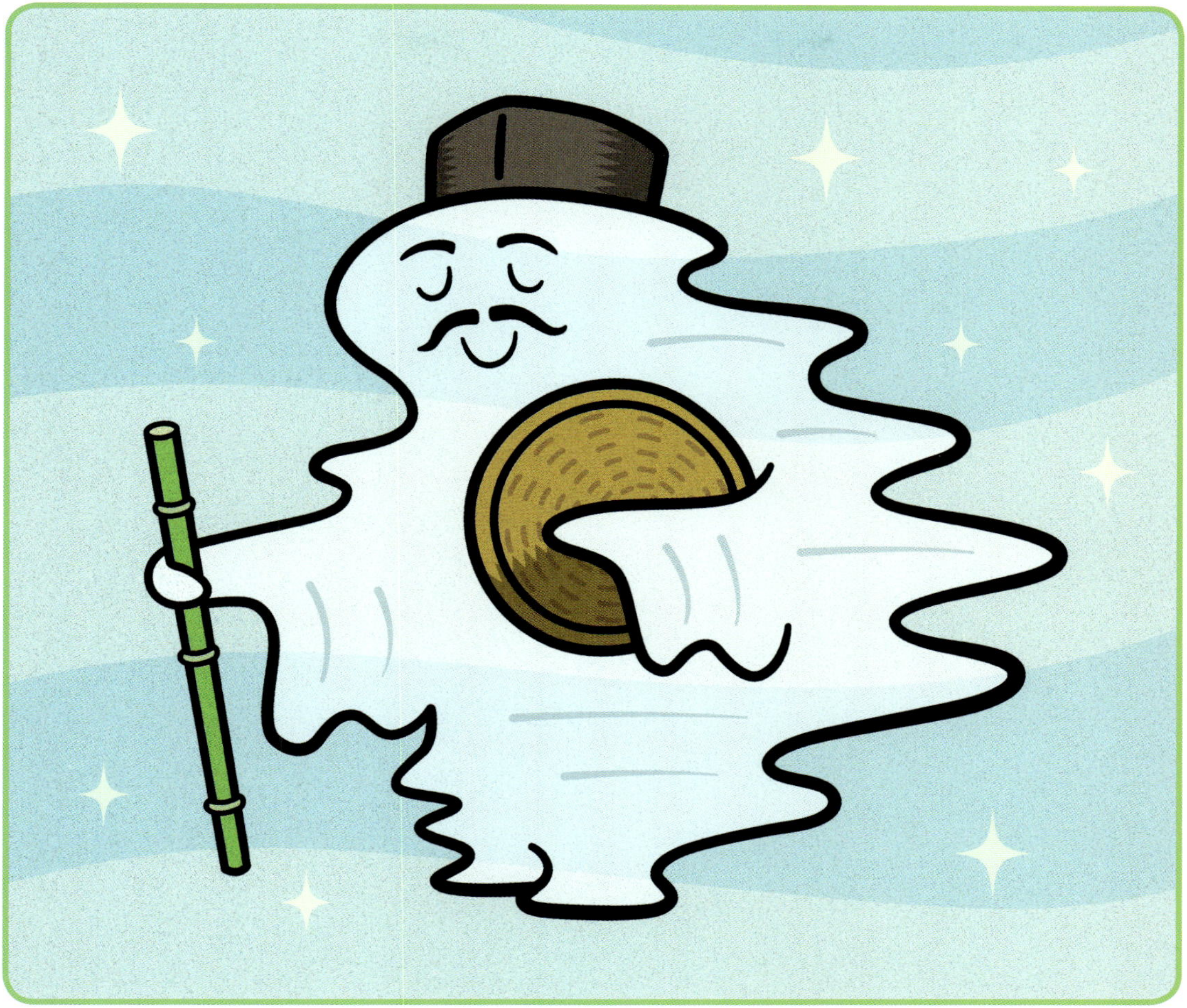

粋《いき》

さっぱりしてるねえ、色気《いろけ》があるねえ

「火事《かじ》とけんかは江戸《えど》の華《はな》」といいやしてねえ。江戸《えど》っ子《こ》の血《ち》が燃《も》えるんだぜ。あっしは、町火消《まちびけし》がかついでいる纏《まとい》なんですがね。半鐘《はんしょう》がジャーンジャーン、ジャーンジャーンと鳴《な》りだすや、それっと出動《しゅつどう》！　火事場《かじば》にいそぐ火消《ひけ》し衆《しゅう》たちは、「粋《いき》だねえ」「いなせだねえ」なんて声《こえ》をかけられます。

あっしを持《も》ってまっさきにかけつける若《わか》い衆《しゅう》は、纏持《まといも》ちといいやしてね、花形《はながた》でござんす。燃《も》えさかる家《いえ》から少《すこ》し風下《かざしも》の家《いえ》の屋根《やね》に上《あ》がって、力強《ちからづよ》くあっしをふるんです。「ここまでで、くいとめろ」ってね。「消口《けしくち》をとる」っていうんでさあ。ほかの火消《ひけ》し衆《しゅう》は、是《ぜ》が非《ひ》でもその家《いえ》の手前《てまえ》までで火《ひ》をとめるために、風《かぜ》を読《よ》みながら、鳶口《とびぐち》なんかの道具《どうぐ》で火元《ひもと》の風下《かざしも》の家《いえ》をとりこわすんですよ。

あっしと相棒《あいぼう》の役目《やくめ》は、ぎりぎりまでふんばって仲間《なかま》の士気《しき》を鼓舞《こぶ》すること。そりゃ、熱《あつ》いのなんのって……。でも、固唾《かたず》をのんで見守《みまも》っている見物衆《けんぶつしゅう》に命《いのち》を張《は》ってるところを見《み》せますからねえ。仕事《しごと》を終《お》えたら、やんやとほめそやされるんですよ。あっしも江戸《えど》八百八町《はっぴゃくやちょう》の粋《いき》のひとり。鼻高々《はなたかだか》でござんす。

♠江戸時代《えどじだい》の消防士《しょうぼうし》

・「大名火消《だいみょうびけし》」「定火消《じょうびけし》」の組織《そしき》では足《た》りず、1720（享保《きょうほう》5）年《ねん》に「町火消《まちびけし》」いろは47組《くみ》（のちに48組《くみ》）が設《もう》けられた。町奉行《まちぶぎょう》の指揮下《しきか》、それぞれの組《くみ》に火事場《かじば》での目印《めじるし》としてつくらせた纏《まとい》は、組《くみ》のシンボルとして欠《か》かせないものになる。普段《ふだん》は鳶職《とびしょく》など土木工事《どぼくこうじ》につく町人《ちょうにん》たちが多《おお》く、江戸全体《えどぜんたい》では1万人近《まんにんちか》い火消人足《ひけしにんそく》がいたという。

粋《いき》

キャラクターランド

シルエットクイズの答《こた》え

●シルエットクイズ1の答《こた》え　①落語《らくご》・座布団《ざぶとん》　②長唄三味線《ながうたじゃみせん》　③将棋《しょうぎ》　④相撲《すもう》・土俵《どひょう》

●シルエットクイズ2の答《こた》え　①ぬか漬《づ》け　②食品《しょくひん》サンプル　③船箪笥《ふなだんす》　④日本刀《にほんとう》・八丁念仏団子刺《はっちょうねんぶつだんござ》し

●シルエットクイズ3の答《こた》え　①湯《ゆ》たんぽ　②羽子板《はごいた》　③備長炭《びんちょうたん》　④ロクロ

●シルエットクイズ4の答《こた》え　①和食《わしょく》・だし　②余白《よはく》　③おはぐろ　④余韻《よいん》

文──**本木洋子**　もときようこ

東京生まれ。児童文学作家。熊本県水俣市「みなまた環境絵本大賞」事業コーディネーター。著書に『2015年への伝言・いま地球の子どもたちは』（共著）、『よみがえれ、えりもの森』『大海原の決闘・クジラ対シャチ』など。水俣市の竹細工職人たちと交流し、伝統工芸の継承を応援している。

絵──**山田タクヒロ**　やまだたくひろ

イラストレーター。1973年千葉県生まれ。書籍、広告、webなどジャンルを問わず活動中。著書に『せかいのこっき　シールブック』『しりとり世界いっしゅう』（共著）など。こけしや赤べこ、てぬぐいなどの日本の文化にまつわるグループ展にも参加。
http://www.h7.dion.ne.jp/~rundesel/

装丁：中浜小織（annes studio）

編集・制作：株式会社　本作り空　Sola

日本文化《にほんぶんか》キャラクター図鑑《ずかん》

伝統《でんとう》アート　匠《たくみ》の技《わざ》、さえる！

2014年7月25日　初版第１刷発行

文────本木洋子
絵────山田タクヒロ
発行者────小原芳明
発行所────玉川大学出版部
〒194-8610　東京都町田市玉川学園6-1-1
TEL 042-739-8935　FAX 042-739-8940
http://www.tamagawa.jp/up/
振替：00180-7-26665
編集：森　貴志

印刷・製本──図書印刷株式会社

ISBN978-4-472-05947-6 C8070 / NDC700